IM FOKUS DICHTERZIMMER

AF597619

KLASSIK
STIFTUNG
WEIMAR

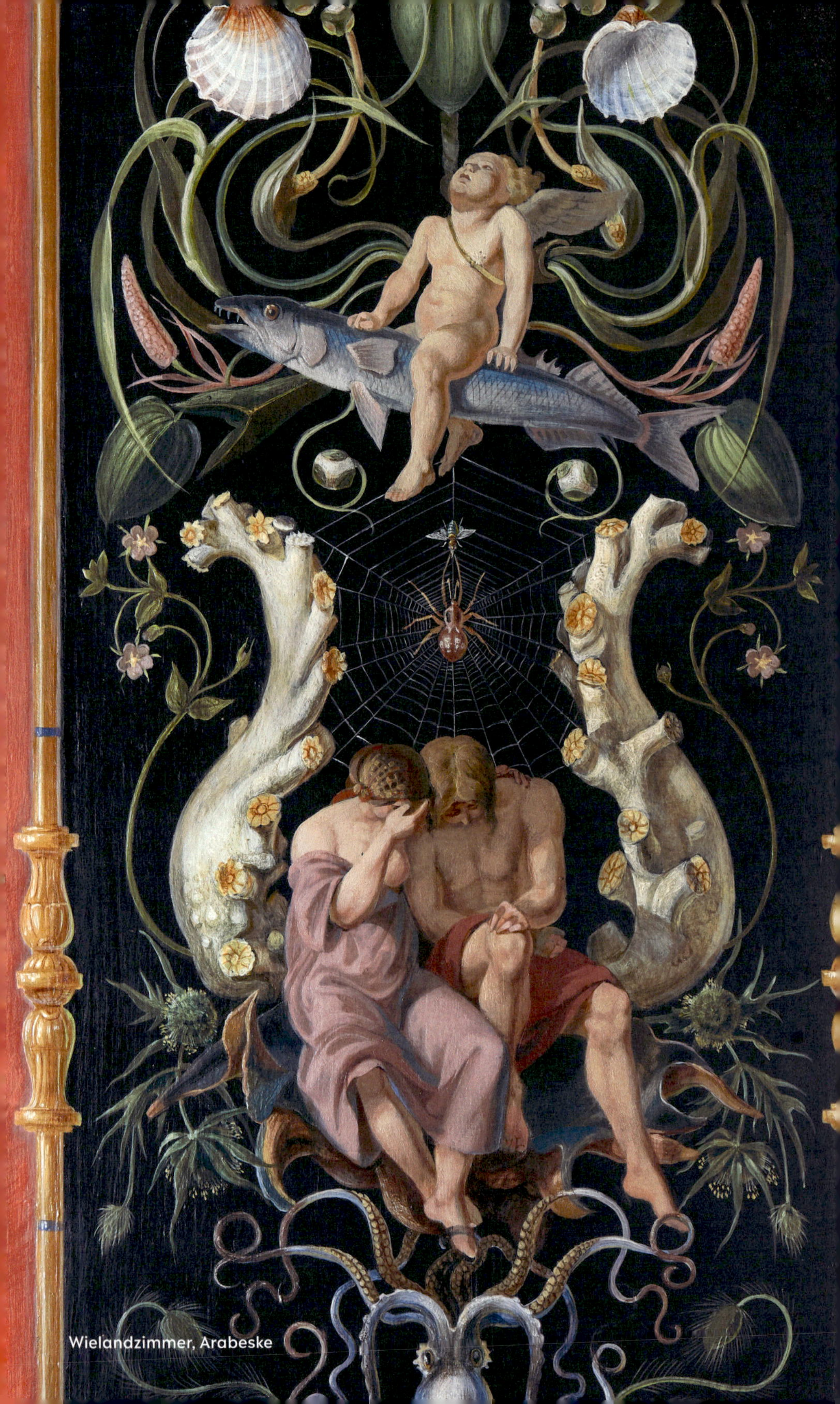
Wielandzimmer, Arabeske

DICHTER-ZIMMER

Herausgegeben von der Klassik Stiftung Weimar

Mit Beiträgen von
Kerstin Arnold, Sebastian Dohe, Michael Enterlein,
Katharina Krügel und Christian Pönitz

Deutscher
Kunstverlag

KLASSIK
STIFTUNG
WEIMAR

INHALT

VORWORT

Das erste Denkmal der Weimarer Klassik steht nicht unter freiem Himmel, sondern unter dem schützenden Dach des Residenzschlosses. Die vier Dichterzimmer wurden hier von 1835 bis 1848 eingerichtet – noch bevor man mit Johann Gottfried Herder den ersten Literaten der Weimarer Klassik 1850 durch ein Standbild vor der Stadtkirche St. Peter und Paul, der sogenannten Herderkirche, ehrte. Auch das berühmte Denkmal für Goethe und Schiller auf dem Weimarer Theaterplatz weihte man erst neun Jahre später ein.

Während die monumentalen Bronzestandbilder ihre Entstehung maßgeblich den von der Stadtgesellschaft initiierten bürgerlichen Denkmalkomitees und langwierigen, umfangreichen Spendensammlungen verdanken, handelt es sich beim Ensemble der Dichterzimmer um ein ausschließlich vom sachsen-weimarischen Herrscherhaus getragenes Projekt. In ihm verbinden sich Zeitgeschichte und die frühe Rezeption der vermeintlich klassischen Dichter Goethe, Schiller, Wieland und Herder. Die ihnen gewidmeten Memorialräume sollten als Teil des Klassikmythos dem Anspruch Weimars als national herausragendem Kulturzentrum Nachdruck verleihen.

Das Bedürfnis, an die Dichter der Weimarer Klassik auf vielfältige Weise zu erinnern und damit das literarische Phänomen in eine physisch erlebbare, repräsentative und wortwörtlich raumgreifende Form zu überführen, hatte nach dem Tod Goethes im Jahr 1832 deutlich zugenommen. Die nächste Generation der Fürstenfamilie, die die Klassiker teils noch persönlich erlebt hatte, knüpfte bewusst an deren Leistung an. Sie setzte ihnen ein Denkmal - nicht nur aus Dankbarkeit, sondern auch und vor allem, um das Prestige ihrer Leistung zu nutzen und als symbolisches Kapital weiter zu entwickeln. In einem Jahrhundert, das die Legitimität adliger Herrschaft zunehmend in Frage stellte, war ein Erinnerungsort für die Weimarer Klassik auch der sichtbare Ausdruck kultureller Bedeutung einer Fürstenfamilie. Indem Großherzogin Maria Pawlowna nahe ihres persönlichen Wohnbereichs im Residenzschloss Räume zur Verfügung stellte und ein Projekt zu deren Ausgestaltung initiierte, entstand das einzigartige Raumensemble, das später als ‚Dichterzimmer' bekannt wurde.

Der Stil war modern – es malten die Schüler der Nazarener, die zu Beginn des 19. Jahrhunderts die Malerei revolutioniert hatten. Mit der nun nachfolgenden Generation reifte dieser Stil. Die Technik war pragmatisch – sie wirkte wie antike Wandmalerei, bereit, Jahrtausende zu überdauern. Zugleich war sie technisch genau auf das Gebäude zugeschnitten. In die Wände eingelassene Putzplatten erweckten den Eindruck fester Steinmauern, während es sich tatsächlich um hölzernes Fachwerk handelte. Die dargestellten Motive an den Wänden waren literarisch – eine Versammlung illustrierter Dramen und Gedichte. Sie stimmen inzwischen nur noch teilweise mit dem überein, was wir als bekannte Werke der Klassiker bezeichnen würden, und zeigen so zugleich, wie sich der Kanon entwickelte. Wer heute durch die Dichterzimmer streift, sich in der Fülle an Farben und Ornamenten verliert und vielleicht nicht so recht erkennt, welches Werk wo dargestellt ist, mag sich damit trösten, dass schon die Zeitgenossen Papptafeln mit Erklärungen zu Hilfe nahmen.

Als Raumkunstwerk waren die Dichterzimmer nie vergessen, sie litten aber im Laufe des 20. Jahrhunderts unter anderem unter Feuchtigkeit und unsachgemäßen Ausbesserungen. Erst nach einer umfangreichen Restaurierung zwischen 2012 und 2020 sind die Räume wieder in der üppigen Frische ihrer Entstehungszeit erlebbar. Zu danken ist dies der großzügigen Unterstützung des World Monuments Fund, der Rudolf-August Oetker-Stiftung, dem Deutschen Stiftungszentrum Essen und privaten Spendern. Restauriert wurde auch die Schlosskapelle, die das Raumensemble abschließt. Sie war im 20. Jahrhundert zunächst zu einer

Konzertstätte und später zu einem Büchermagazin umgebaut und so in ihrer Substanz stark beeinträchtigt worden. Gefördert wurde die Wiederherstellung durch die Deutsche Stiftung Denkmalschutz und die Beauftragte der Bundesregierung für Kultur und Medien. Im Rahmen der Sanierung des Residenzschlosses kann die Kapelle zum ersten Mal seit Jahrzehnten wieder als prächtiger Raum erlebt werden.

Dass den Dichterzimmern in der Weimarer Museumslandschaft noch immer eine besondere Rolle zukommt, betont Annette Ludwig, Direktorin der Museen der Klassik Stiftung Weimar, zu deren 21 musealen Liegenschaften die Memorialräume gehören: „Die Dichterzimmer markieren nicht nur den Beginn der allgemeinen Weimarer Dichterverehrung, sondern auch den der vielgestaltigen Weimarer Museumslandschaft. Sie sind in mehrfacher Hinsicht singulär. Die künstlerisch wie ikonographisch bedeutsamen Memorialstätten zu Ehren bürgerlicher Dichter und Geistesgrößen wurden im Residenzschloss, dem zentralen Ort feudaler Herrschaft und Repräsentation, eingerichtet. Diese ‚Setzung' durch Großherzogin Maria Pawlowna ab 1835 erfolgte bewusst zu einem Zeitpunkt, als die authentischen Wirkungsstätten, etwa die Wohnhäuser Goethes oder Schillers, die zugleich Produktionsorte herausragender Literatur waren, noch in privatem Besitz und damit nicht öffentlich zugänglich waren – das Schillerhaus erwarb die Stadt Weimar 1847, das Goethehaus wurde erst 1885 ein Museum. So bildeten ab 1848 zunächst vor allem die vier Gedenkräume ein Ziel der einsetzenden weltlichen ‚Wallfahrten' nach Weimar, die bis in die Gegenwart andauern. Nach Abschluss der umfassenden Restaurierungsarbeiten im Jahr 2020 gehört das Gesamtraumkunstwerk wieder zu den wichtigsten Attraktionen in der Verantwortung der Direktion Museen der Klassik Stiftung Weimar. Als ein begehbares Denkmal der Weimarer Klassik vermitteln sie anschaulich das Wirken des ‚Vierergestirns' Goethe, Schiller, Wieland und Herder."

Der vorliegende Band entstand in Zusammenarbeit von Kolleginnen und Kollegen der Klassik Stiftung Weimar und der Denkmalpflege. Sachkundigen Beschreibungen der einzelnen

Räume sind kontextualisierende, einführende Beiträge vorangestellt. Als Auftakt wird die zeitgenössische Verankerung der Gedächtnisräume beleuchtet. Entscheidend für die Einrichtung der Dichterzimmer erwiesen sich neben dem Bau des Westflügels des Residenzschlosses das Zusammenspiel dynastie- und landesgeschichtlicher Entwicklungen. Bereits ein Jahr vor dem Abschluss der Ausgestaltung des letzten Raumes, des Herderzimmers, begann man 1847 in der Reiseliteratur, das Ensemble als Sehenswürdigkeit der kleinen Residenzstadt zu bewerben. Gleichzeitig erfolgte seine Einbindung als Zeremonialort höfischer und staatlicher Festkultur. Ein Abriss über die wichtigsten Künstler und Persönlichkeiten, die das Vorhaben mitgestalteten, vermittelt Einblicke in den Entstehungsprozess, Arbeitsweisen und zeitgenössische Kontexte. In enger räumlicher und zeitlicher Verbindung zu den Dichterzimmern stehen auch Bau und Ausstattung der Schlosskapelle. Deren Zugang über das von Clemens Wenzeslaus Coudray entworfene Treppenhaus erschließt zugleich die Dichterzimmer, denn der Gedächtnisraum für den Autor und Theologen Johann Gottfried Herder liegt der Schlosskapelle direkt gegenüber. Ein Bericht zur Restaurierung der Räume sowie eine Chronologie runden den Band ab. Mit ihm in der Hand lädt er Besucherinnen und Besucher ein, die Dichterzimmer neu zu entdecken.

Sebastian Dohe | Katharina Krügel

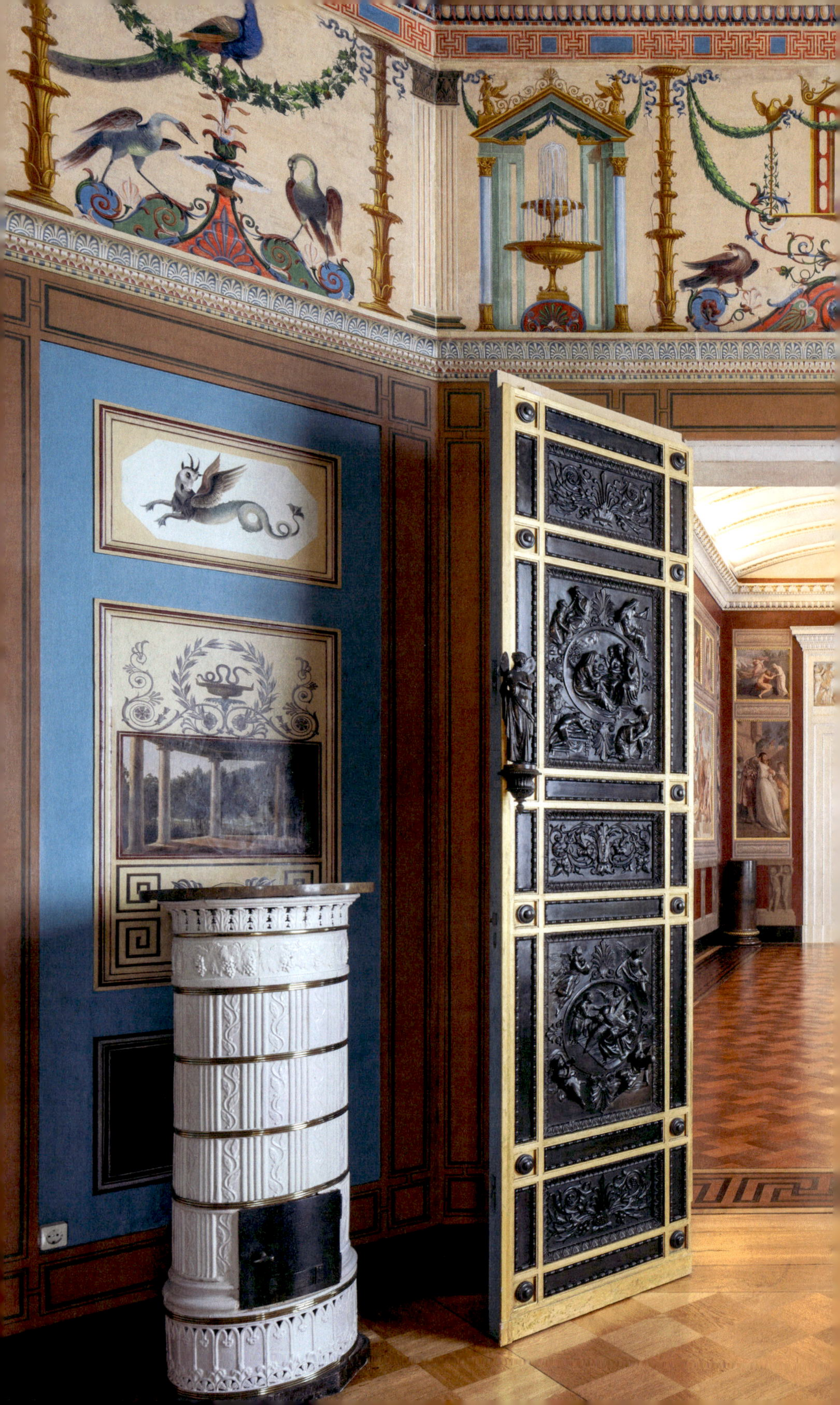

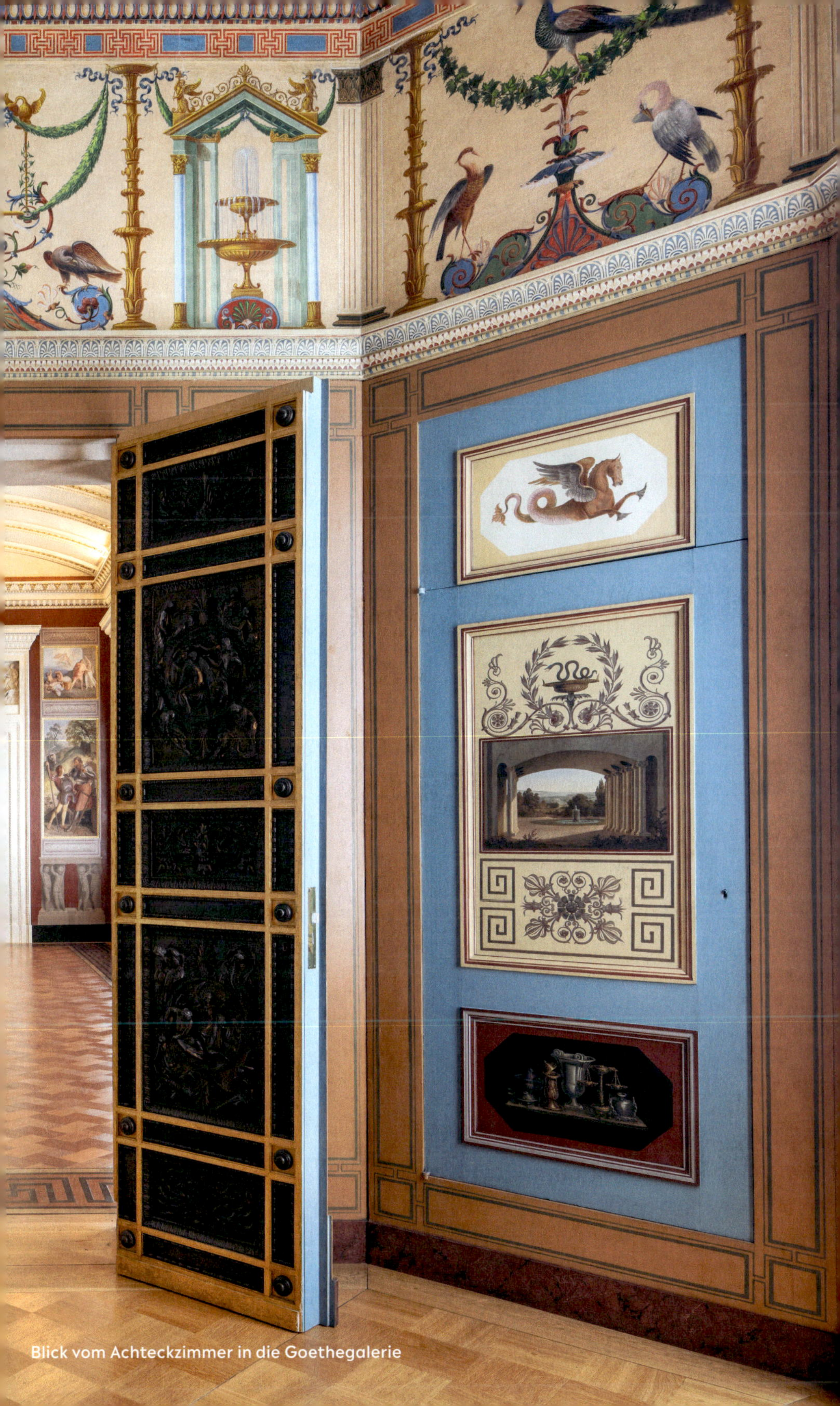

Blick vom Achteckzimmer in die Goethegalerie

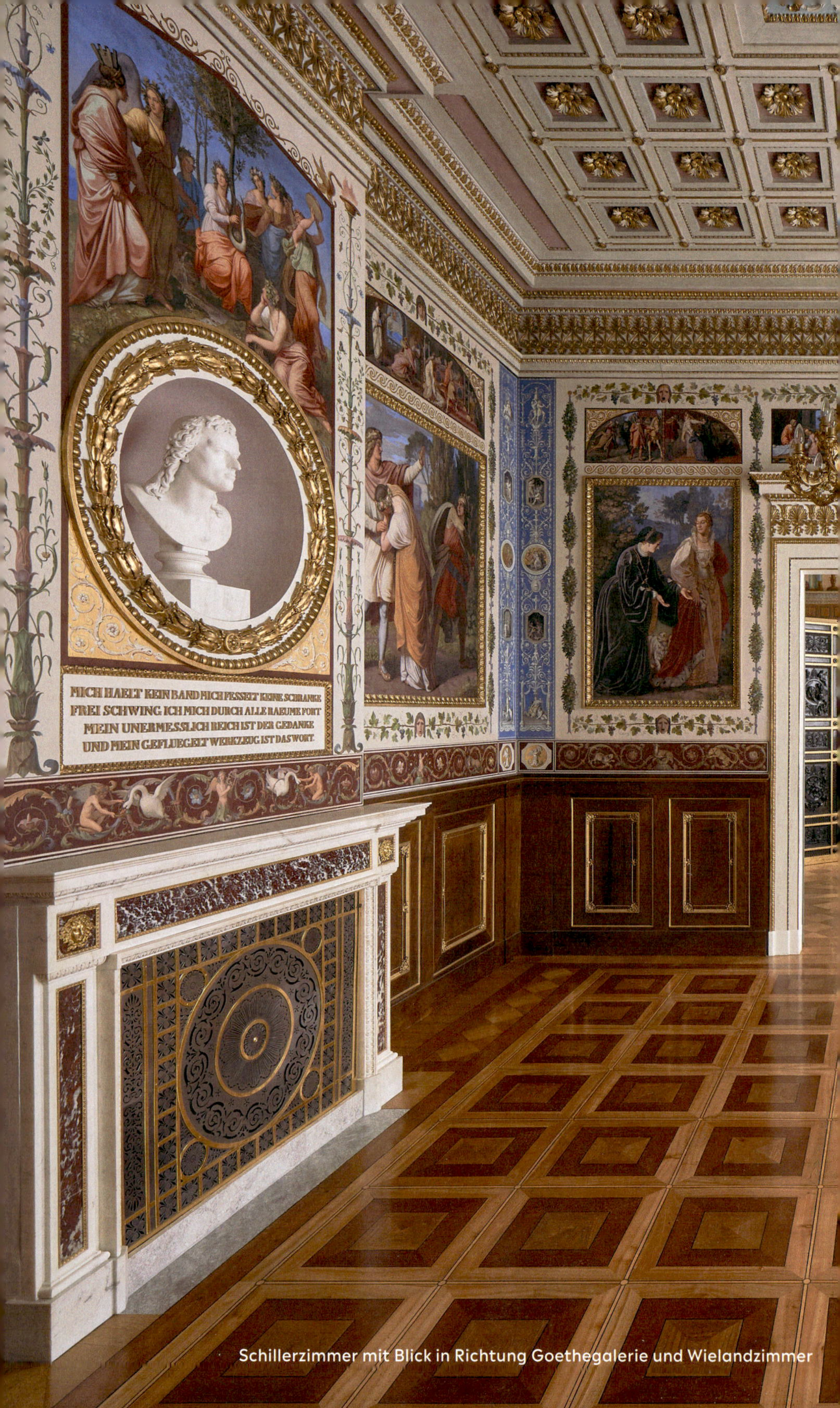

Schillerzimmer mit Blick in Richtung Goethegalerie und Wielandzimmer

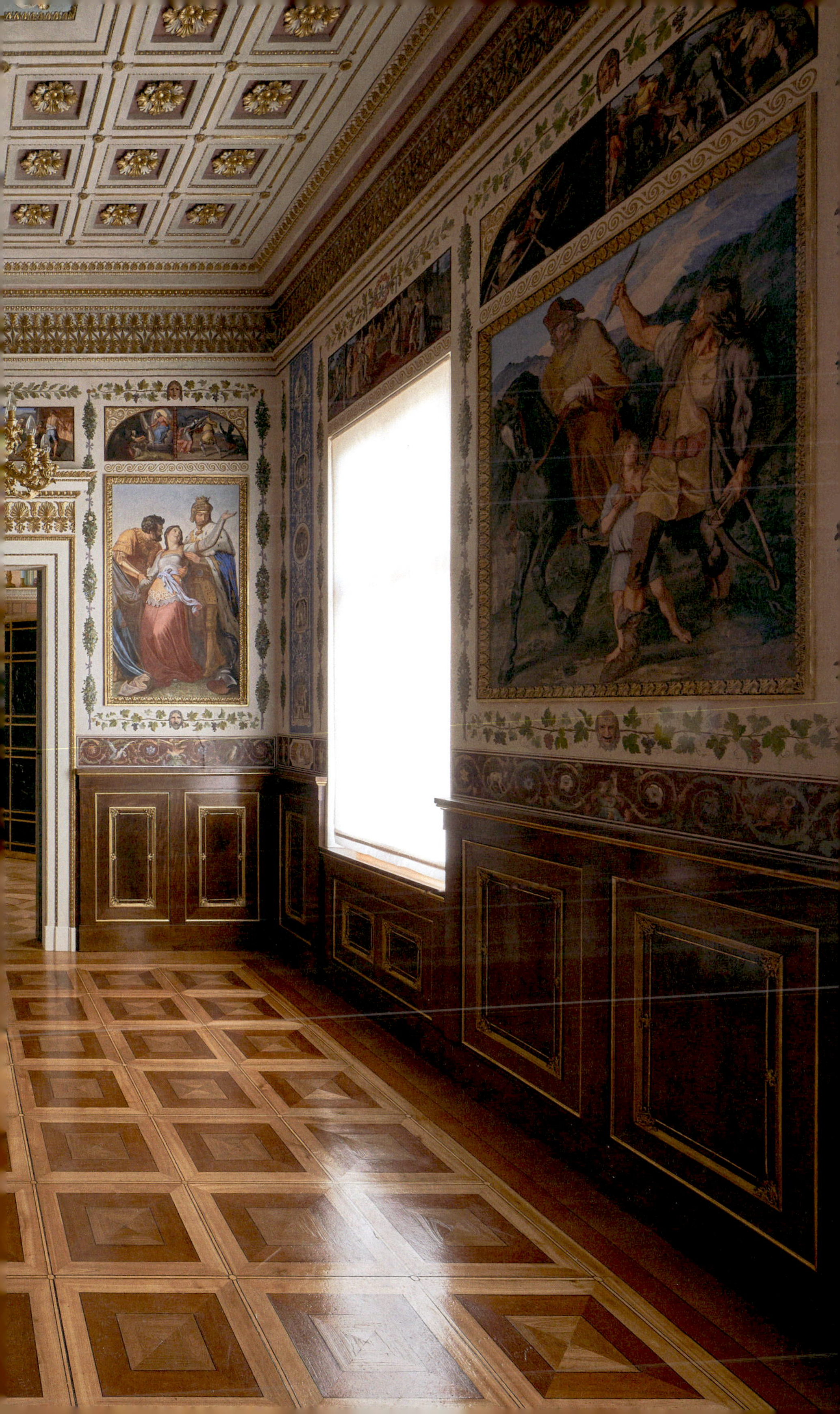

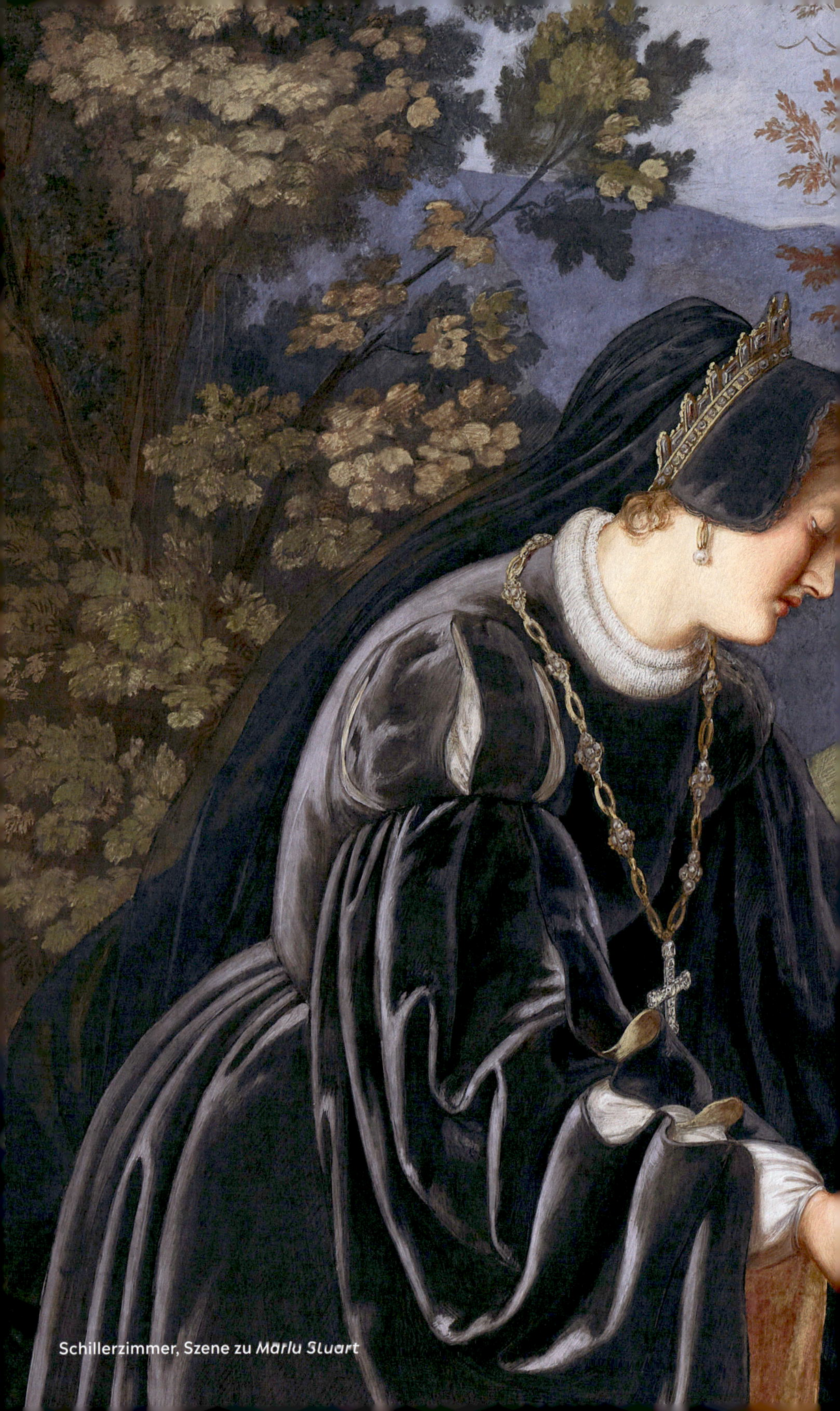

Schillerzimmer, Szene zu *Maria Stuart*

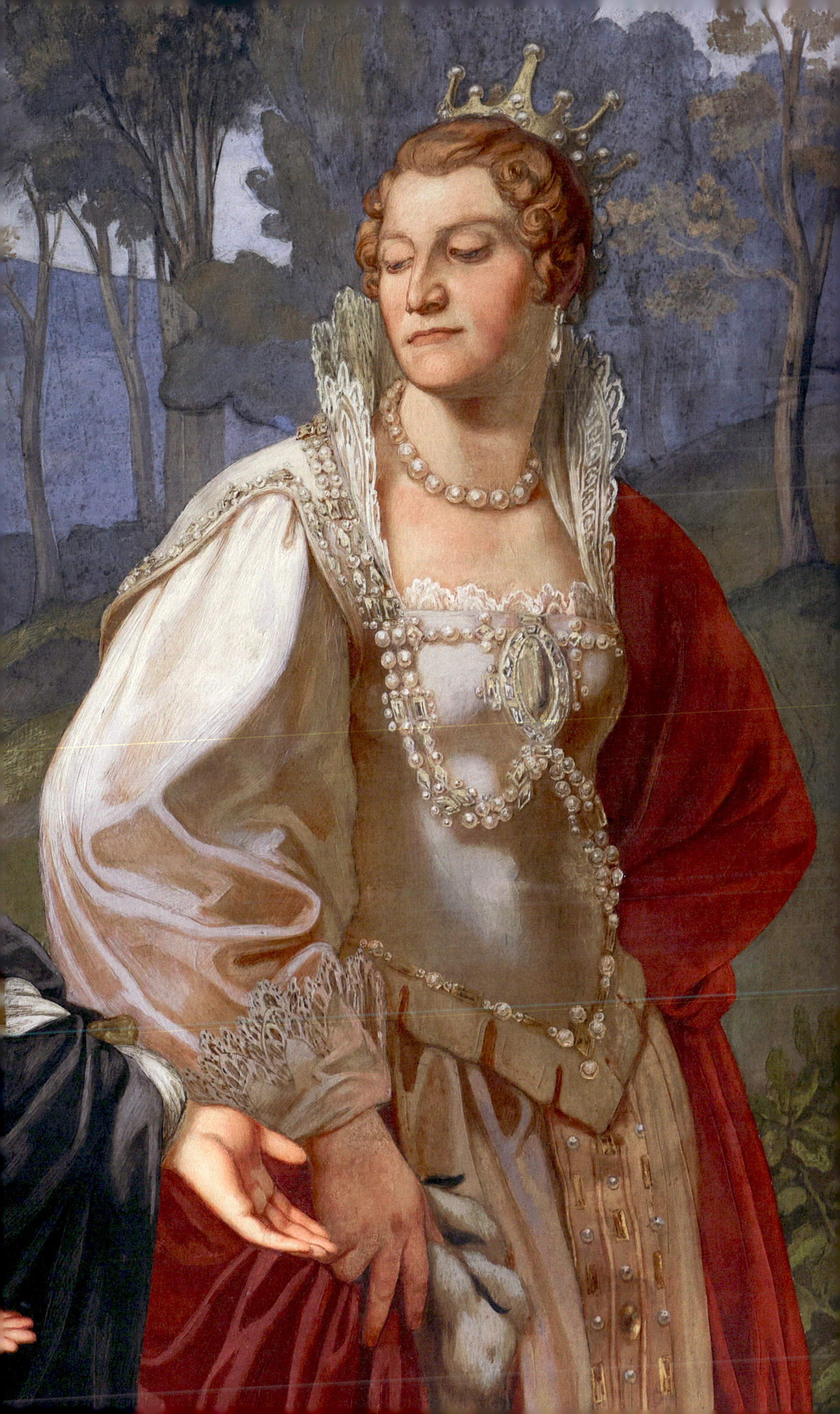

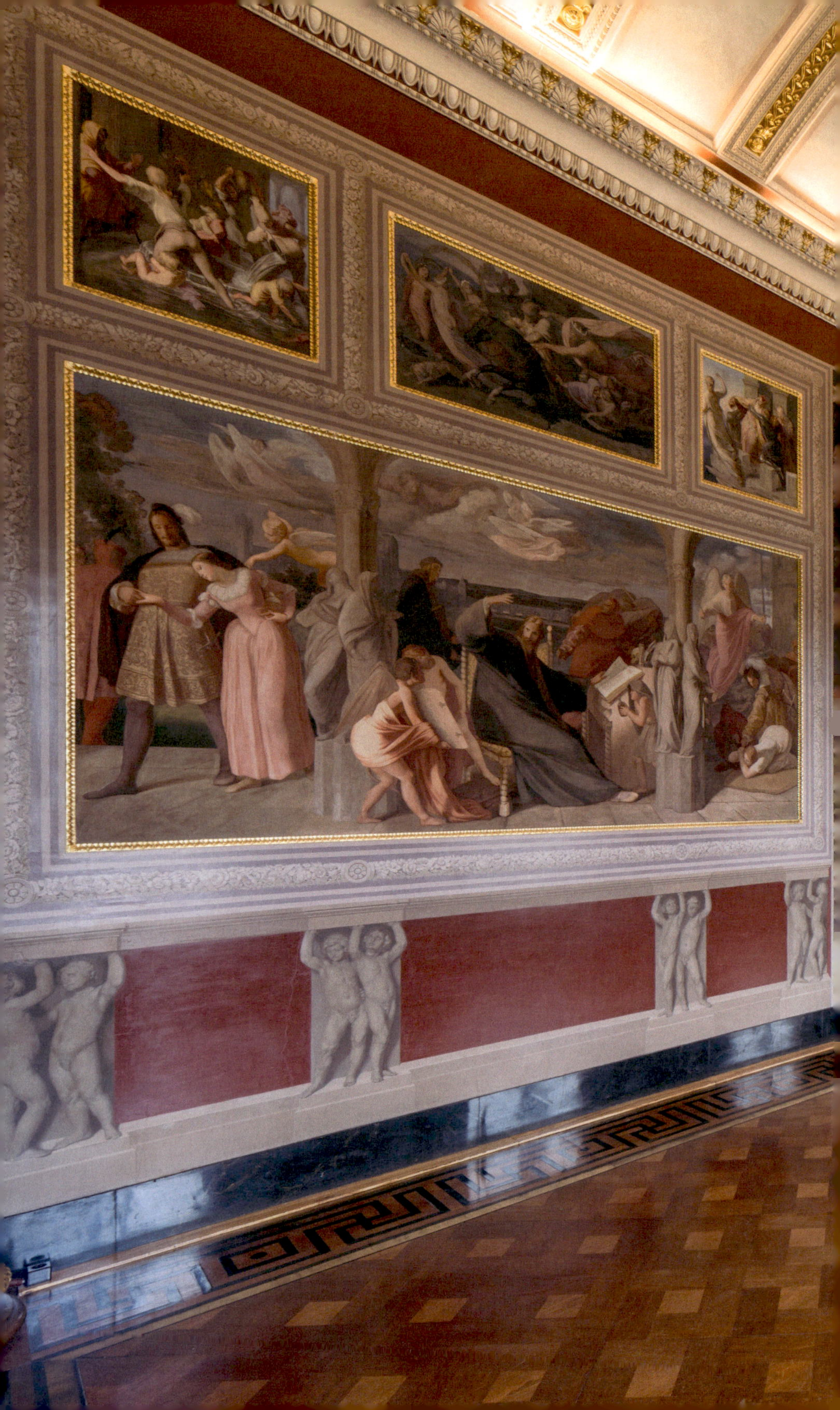

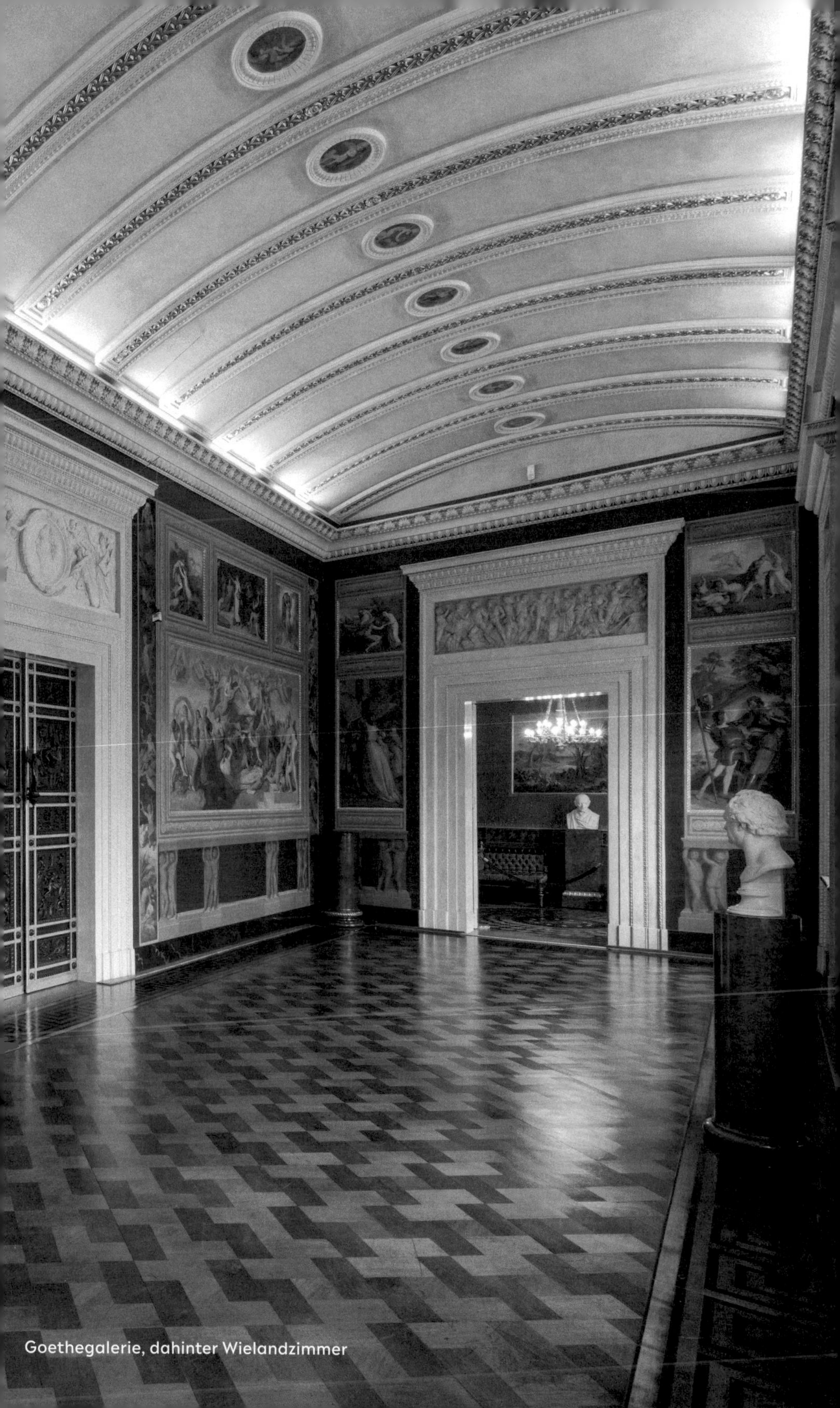

Goethegalerie, dahinter Wielandzimmer

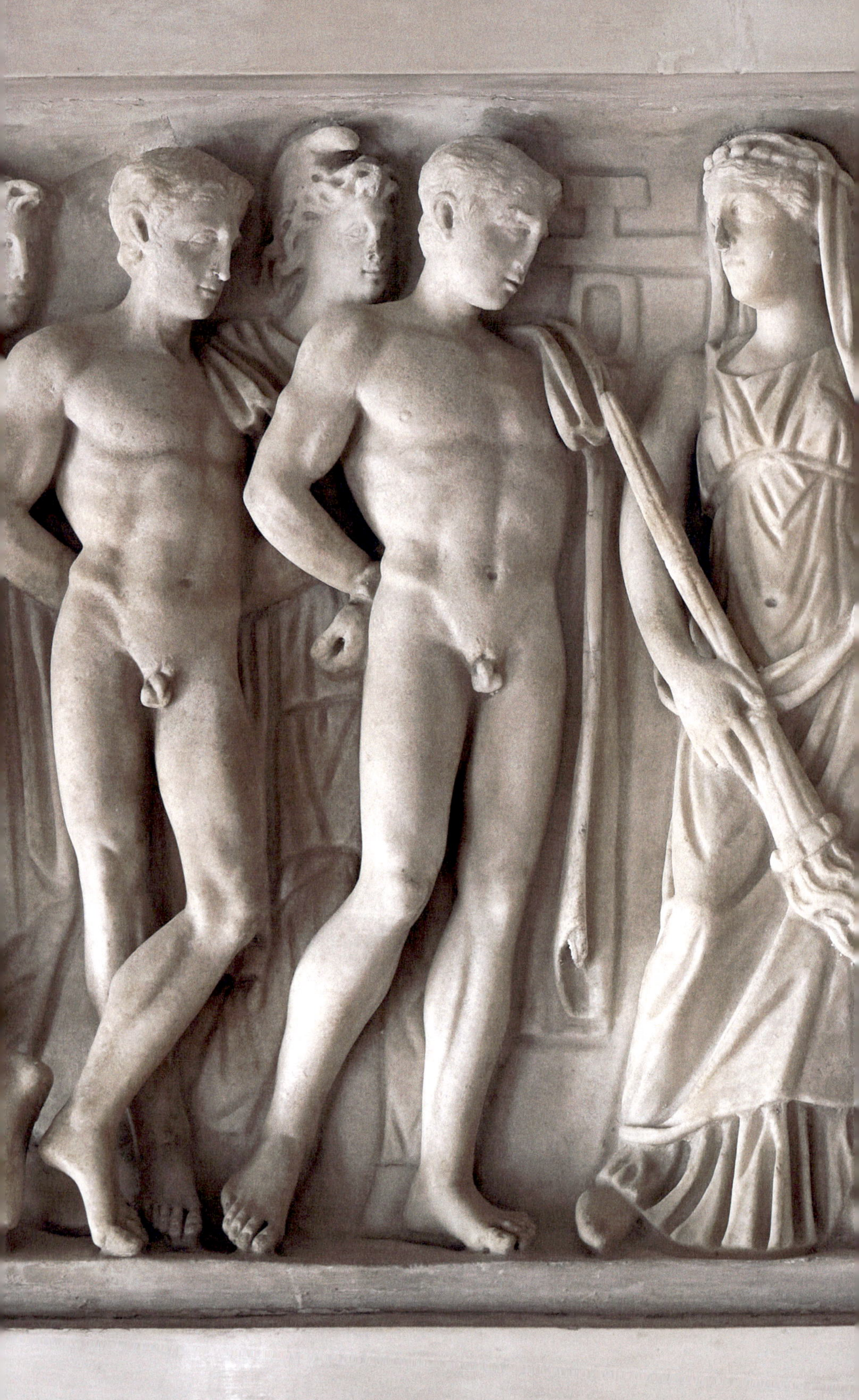

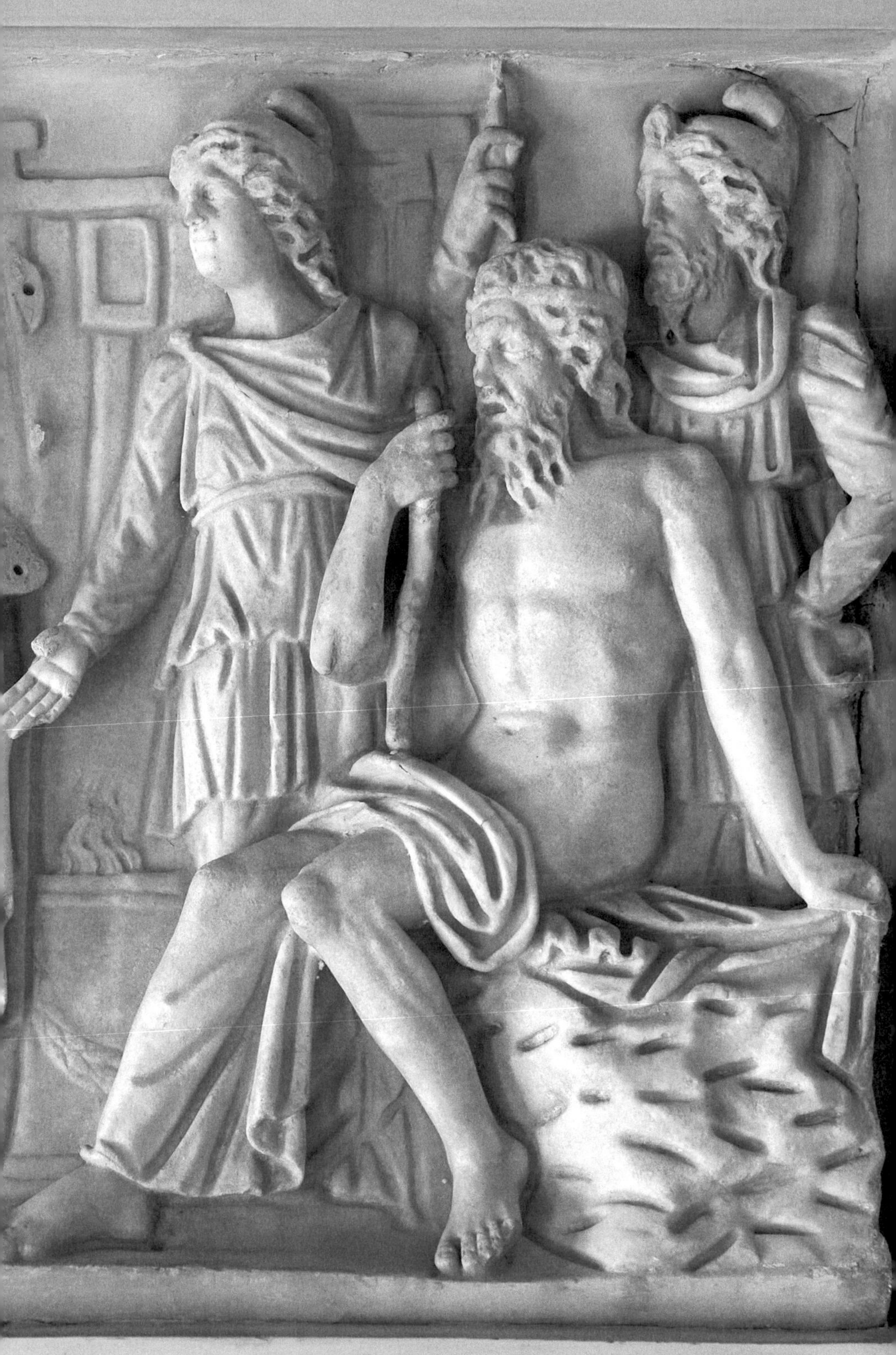

Goethegalerie, antikes Sarkophagrelief mit Euripides' *Iphigenie bei den Taurern*

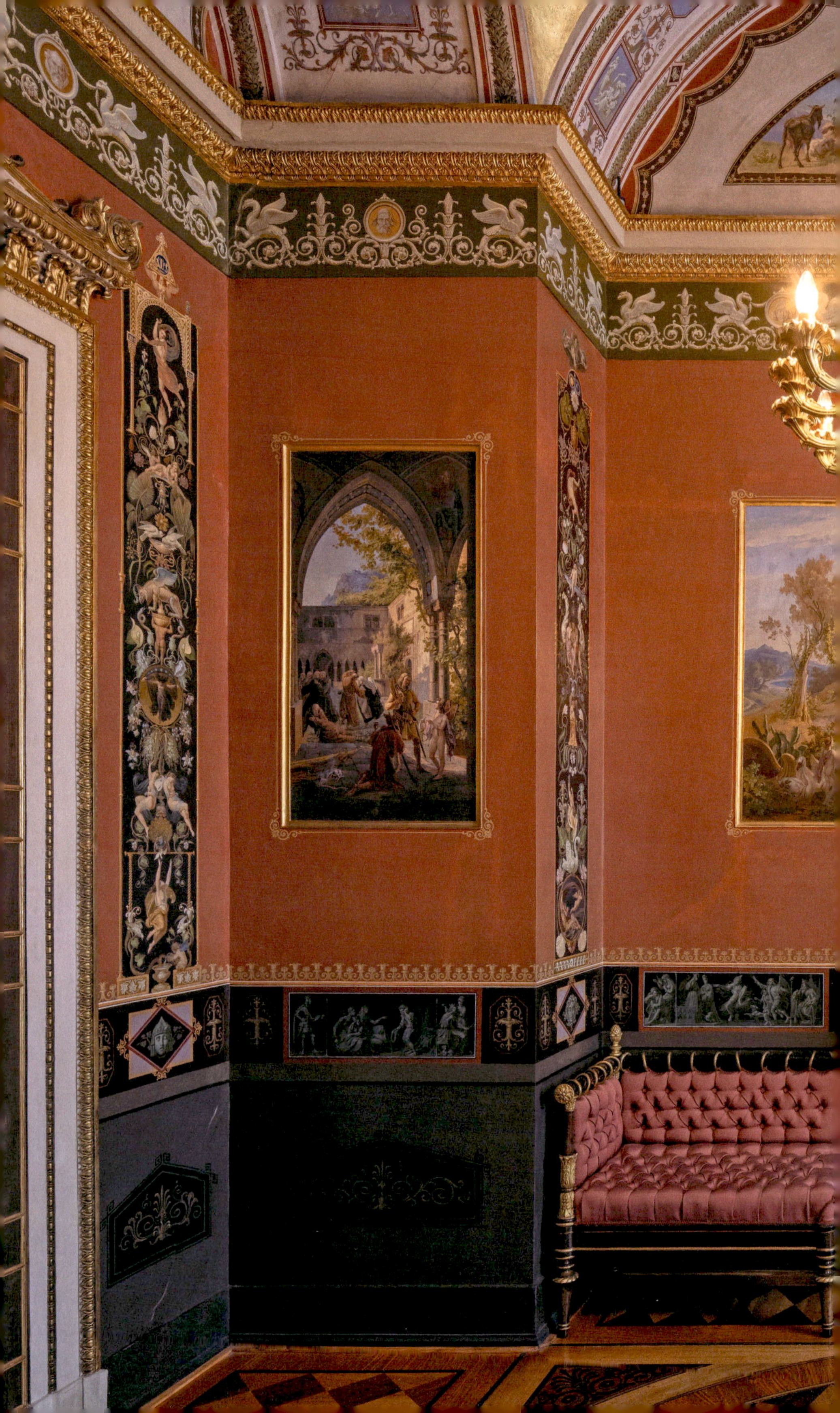

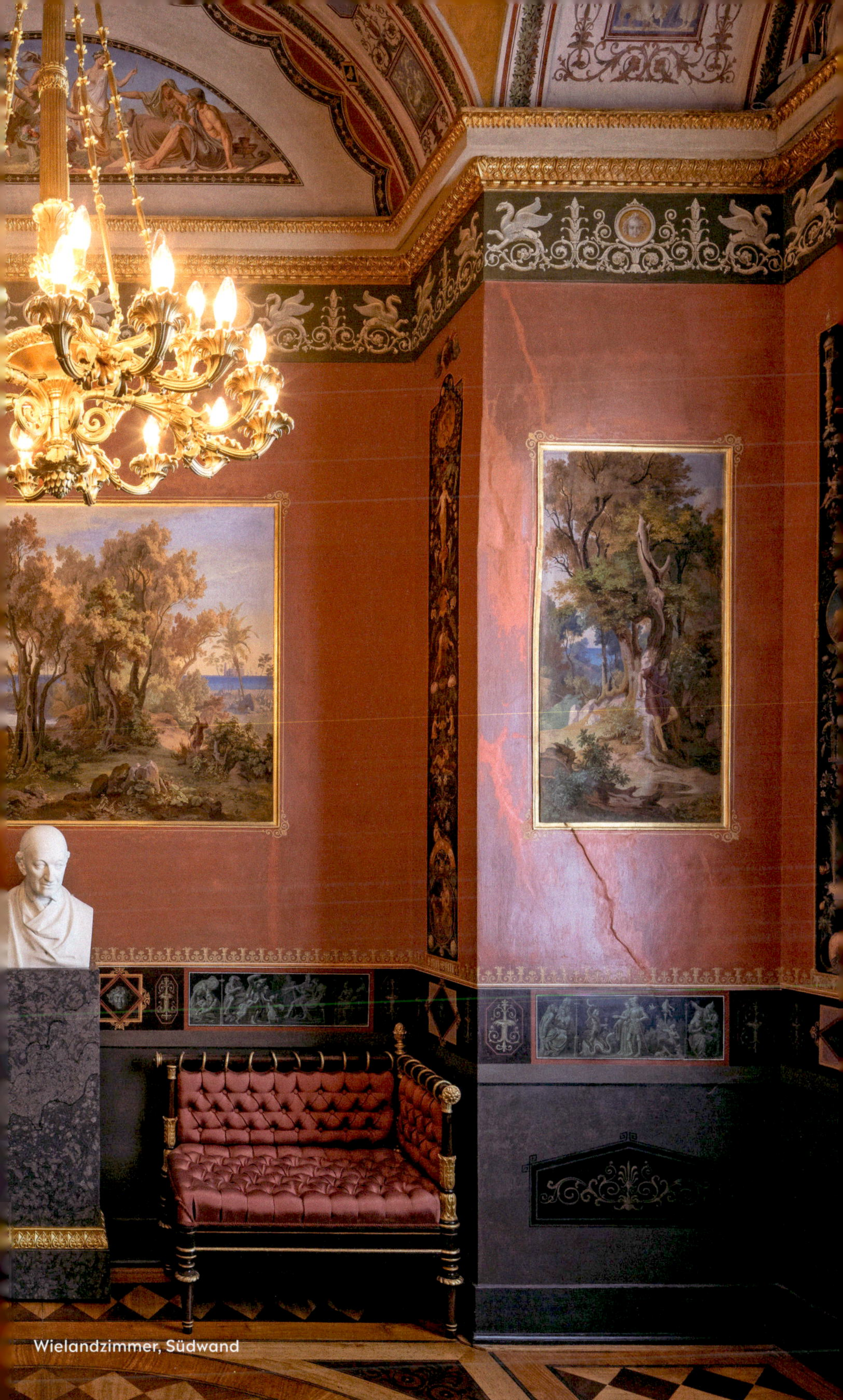
Wielandzimmer, Südwand

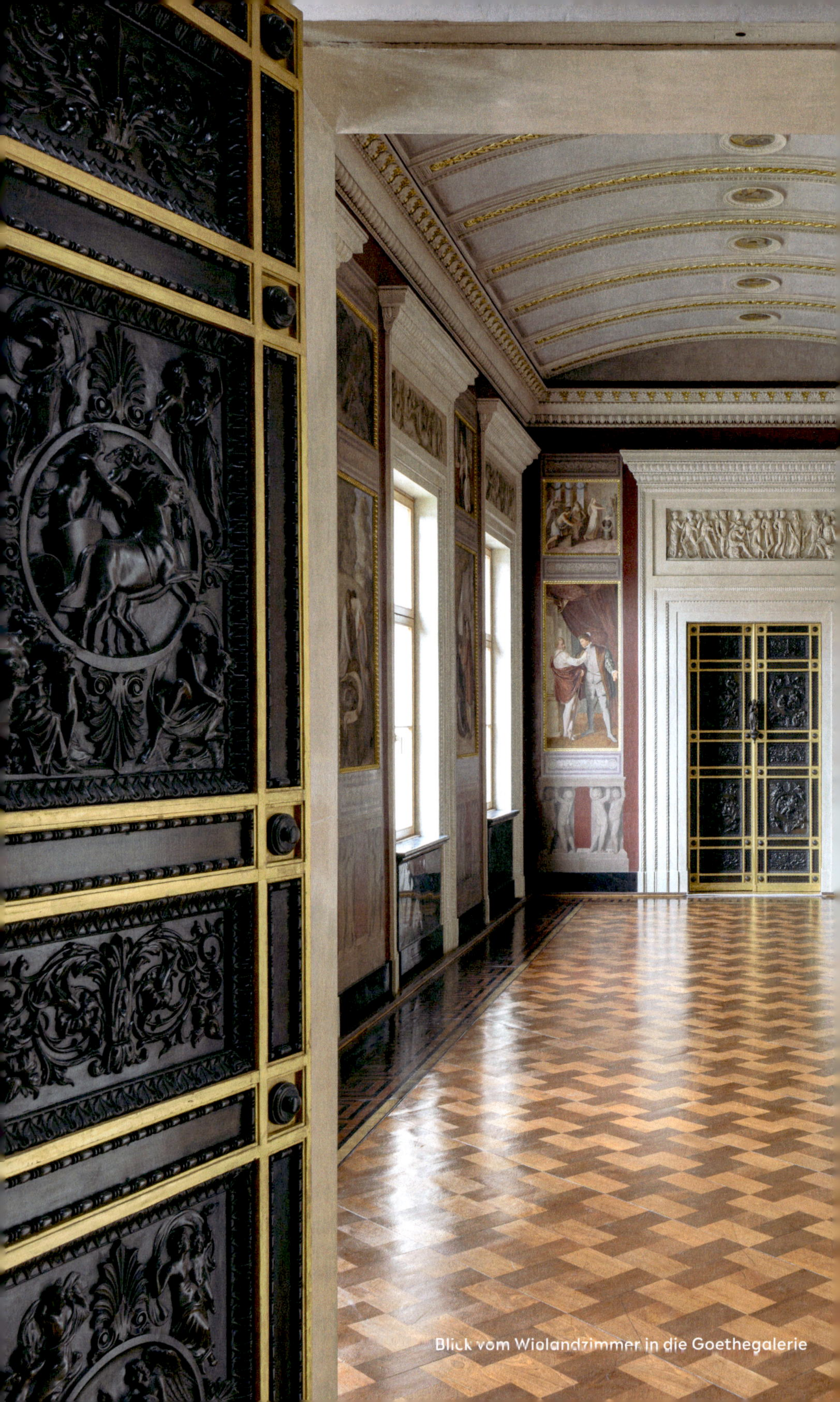

Blick vom Wielandzimmer in die Goethegalerie

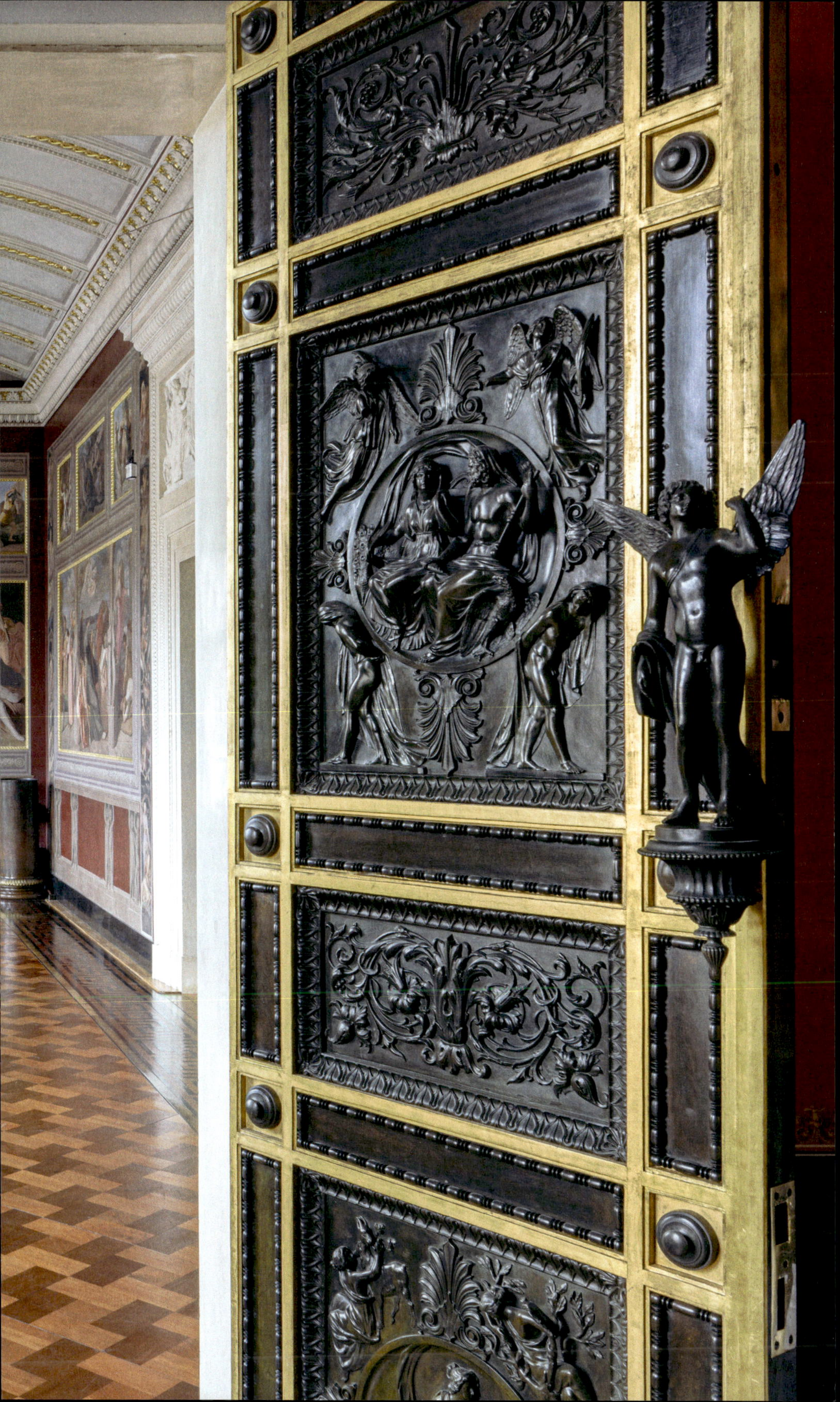

Herderzimmer, West- und Nordwand

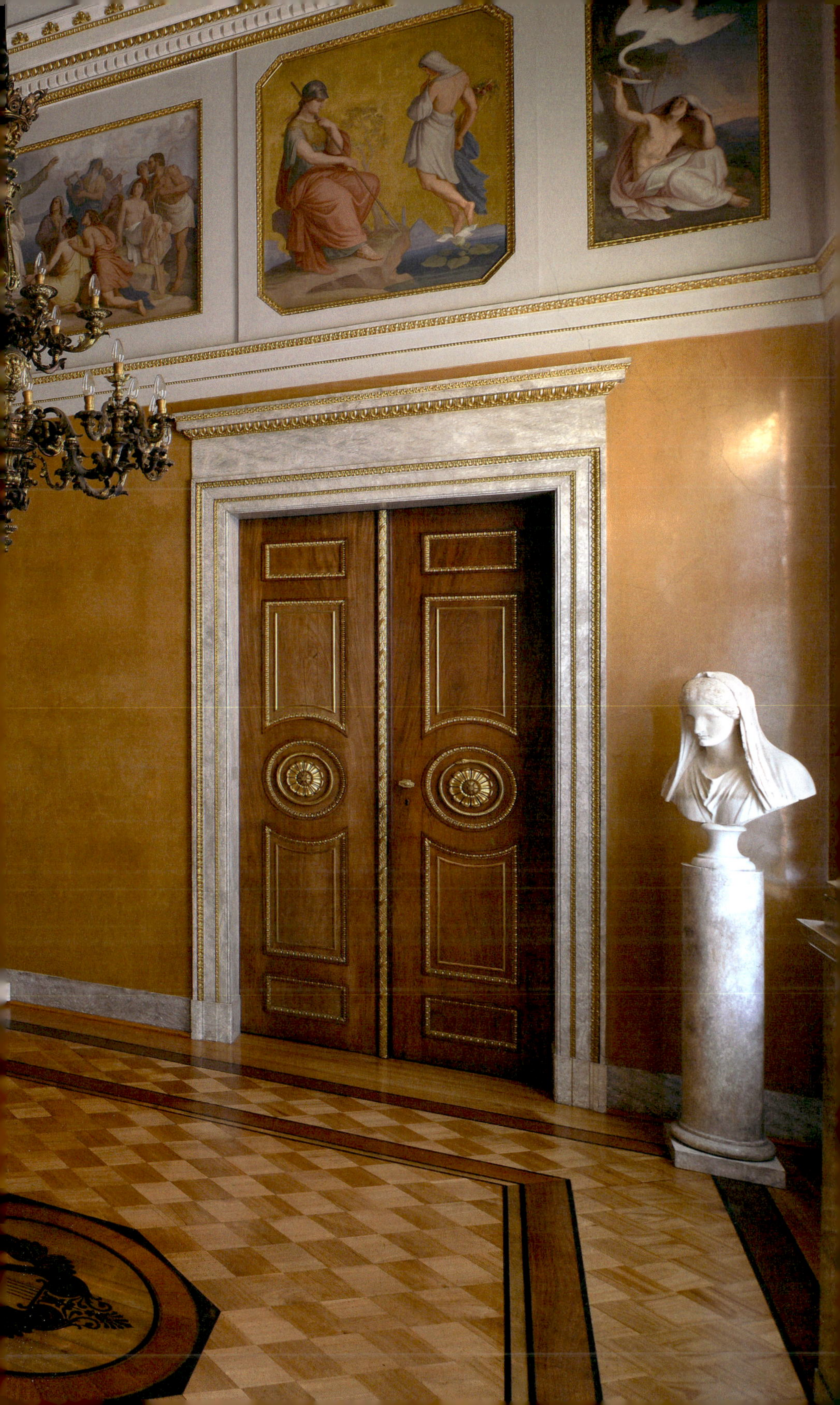

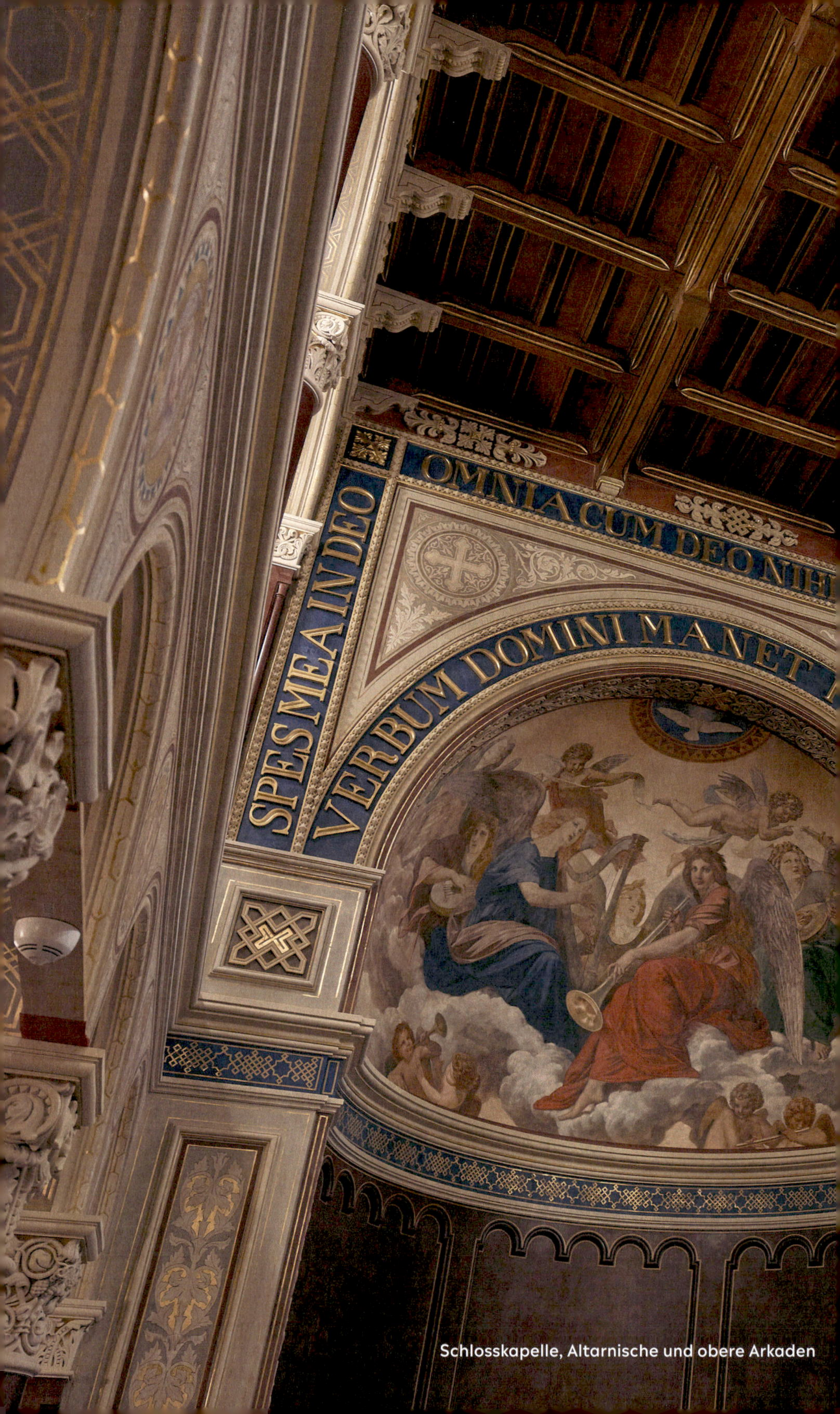

Schlosskapelle, Altarnische und obere Arkaden

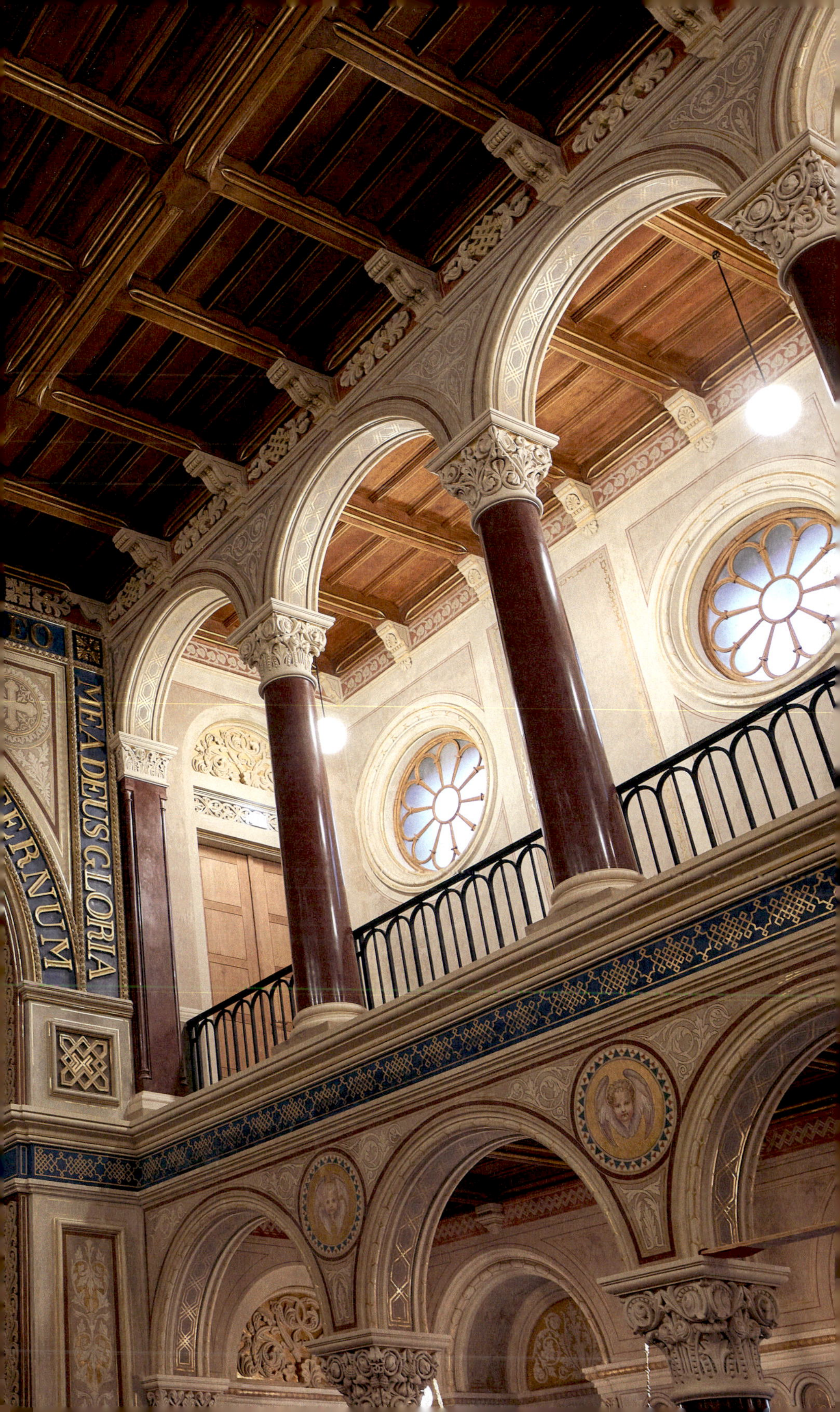
MEA DEUS GLORIA

DAS ERSTE DENKMAL DER WEIMARER KLASSIK

Die Dichterzimmer waren das erste Denkmal für die Weimarer Klassik und ein wichtiges Instrument, um diese kulturgeschichtliche Epoche für die öffentliche Wahrnehmung zu formen (Abb. 1). Als Memorialräume gaben sie dem Publikum eine Haltung vor. Sie waren Mittler bei der Begegnung mit den Werken von Goethe, Schiller, Wieland und Herder, boten Orientierung in der Frage, welche davon bemerkenswert seien und machten Inhalte anschaulich. Ein gemeinsamer Besuch der Zimmer konnte gemeinschaftsbildend sein und wer Zitate erkannte, durfte sich zugehörig fühlen. Das hieß auch, sich als Teil einer deutschen Nation zu begreifen, die als politische Einheit selbst lange nach Vollendung der Räume noch nicht existierte. Das Bedürfnis nach solchen Orten nationaler Gemeinsamkeit nahm fortlaufend zu und führte in Weimar unter anderem zu dem heute wahrscheinlich bekanntesten deutschen Dichterdenkmal von Ernst Rietschel

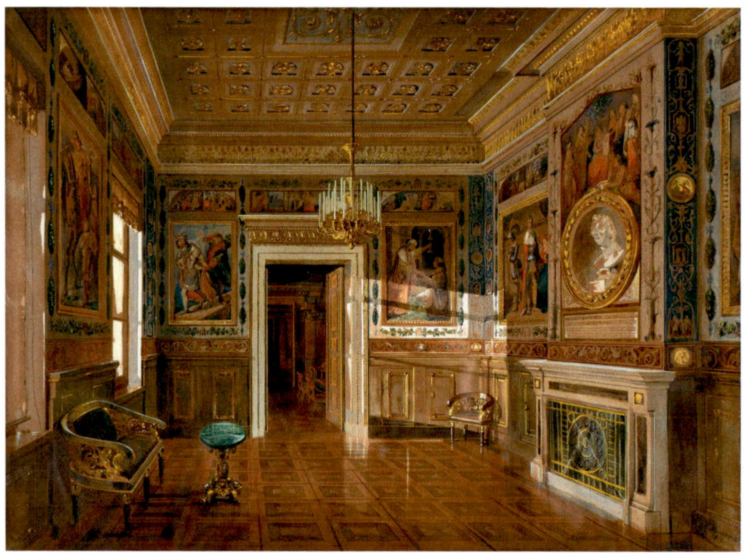

Abb. 1 | Carl Maria Hummel, Schillerzimmer, 1846

auf dem Theaterplatz, das im Jahr 1857 enthüllt wurde. Die Dichterzimmer waren eine beliebte Sehenswürdigkeit und zugleich Teil der Weimarer Festkultur. Auch für staatstragende Zeremonien eigneten sie sich: 1866 wurde hier das fünfzigjährige Jubiläum der Verfassung des Großherzogtums gefeiert (Abb. 2) und 1892 führte zur Goldenen Hochzeit von Großherzog Carl Alexander und Großherzogin Sophie ein festlicher Zug durch die Dichterzimmer in die Schlosskapelle, wo die weniger wichtigen Gäste Spalier stehen durften.

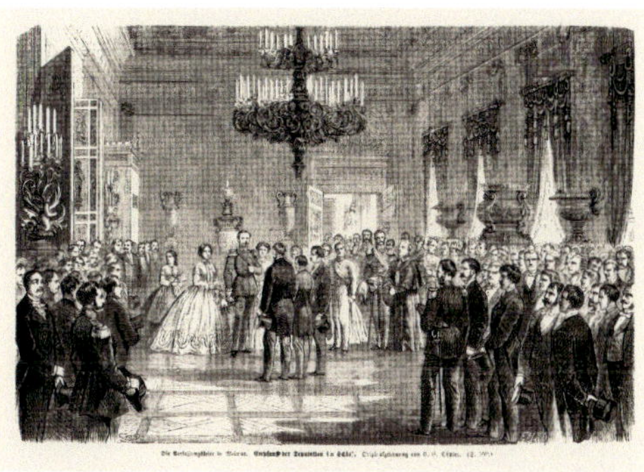

Abb. 2 | Carl Emil Doepler d. Ä., Die Verfassungsfeier in Weimar – Empfang der Deputation im Conseilsaal, 1866

Reiseführer bewarben die Dichterzimmer schon unmittelbar nach ihrer Vollendung als Attraktion. Selbst wer nur denkbar wenig Platz hatte, wie zum Beispiel Alban Horn in seinem Reisetaschenbuch *Gott grüß' die Kunst!* von 1870, in dem alles Sehenswerte in Weimar auf ganze 26 Zeilen verdichtet wurde, erwähnte, dass „im Schlosse die 4 Dichterzimmer mit Fresken von Neher, Preller und Jäger" zu besichtigen sind. Was es zu sehen gab, beschrieb am ausführlichsten Gustav Adolf Schöll in seinen 1847 veröffentlichten *Weimar's Merkwürdigkeiten,* wobei er offenließ, in welcher Reihenfolge die Räume betreten werden sollten. Ein möglicher Zugang führte über die Schillertreppe in das Achteck- und das Schillerzimmer, ein zweiter über Coudrays Treppenhaus nach rechts in die Schlosskapelle und dann in das Herderzimmer sowie die anschließenden Räume. Zahlreiche Autoren griffen auf Schölls mustergültige Darstellung zurück und gaben dessen Beschreibungen mal länger, mal kürzer wieder. Für interessierte Touristen informierte etwa das *Neueste Reisehandbuch für Thüringen* aus dem Jahr 1864, dass der in der Bastille wohnhafte Kastellan Führungen durch das Schloss gebe und die „räumlich beschränkten, aber durch ihre genialen Frescomalereien berühmten ‚Dichterzimmer', welche (mit kunstreichen Zinkthüren verschlossen) auch dann gezeigt werden, wenn andere Gemächer, zur Zeit bewohnt, nicht zugängig sind". Angemessen sei ein

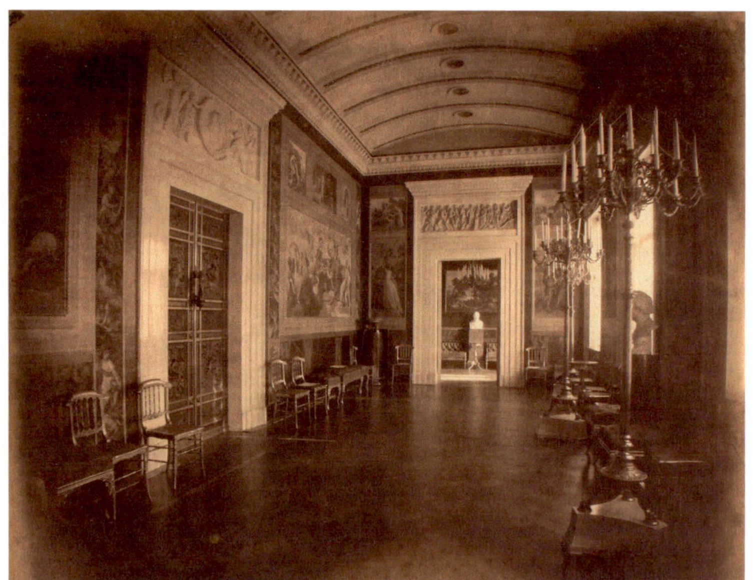

Abb. 3 | Friedrich Jamrath, Goethezimmer mit Erläuterungstafeln auf dem Mobiliar liegend, um 1874

Trinkgeld für den Kastellan von zehn bis fünfzehn Silbergroschen – das reichte für eine Eisenbahnfahrt von Weimar nach Erfurt. Etwas spöttisch kommentierte dazu Gustav Rasch 1858 in seinem Reiseführer *Das Thüringerland und der Thüringerwald:* „In Betreff der Gemälde hat der Beschauer nicht nöthig, sich an den ziemlich wortkargen Kastellan zu halten, sondern nur die an jeder Wand auf den Divans und Sesseln liegenden, schriftlichen Erklärungen in die Hand zu nehmen." Die frühesten Fotografien zeigen in der Goethegalerie die auf einigen Sitzflächen liegenden erklärenden Papptafeln, durch die sich Besucher die Bildinhalte erschließen konnten. Die Zimmer waren zu dieser Zeit noch stärker möbliert, mit Stühlen, kleinen Tischen und Kerzenleuchtern (Abb. 3).

Der zunehmende Gästestrom führte 1902 zu einer ausführlichen Ordnung für den Besuch der Dichterzimmer, nach der „verschiedene Hofdiener (Offizianten, Lakaien), welche das erforderliche Kunstwissen nachgewiesen haben", führen durften. Es wurden nun auch nummerierte Eintrittskarten ausgegeben, im Jahr 1903 verkaufte man beispielsweise 4.327 Stück davon. Gerne wurden die Dichterzimmer von Vereinen und Schulklassen besucht. Wenn jemand schriftlich um Ermäßigung bat, wie zum Beispiel im Mai 1907 eine Schulklasse aus Jena, dann wurde dem auch in der Regel stattgegeben.

Künstlerisch gefielen die Räume allerdings nicht jedem. Aus den 1884 erschienenen *Essays and Leaves from a Note-Book by George Eliot* ist zu erfahren, dass sich die englische Schriftstellerin Mary Ann Evans, bekannt unter ihrem Pseudonym George Eliot, bei ihrem Weimarbesuch im Jahr 1854 an den Arabesken im Wielandzimmer deutlich mehr erfreute als an den ihr zu groß geratenen Gemälden der Goethegalerie und dem Schillerzimmer. Wenn der Weimarer Bibliothekar Paul von Bojanowski 1904 in der *Deutschen Rundschau* die Dichterzimmer hervorhob, dann war dies vor allem das Lob einer kunstpolitischen Fördermaßnahme Maria Pawlownas, die „eine Reihe angesehener, tüchtiger deutscher Künstler zu längerem oder kürzerem Aufenthalt" nach Weimar gebracht habe, um dort „das Andenken der Großen von Weimar" zu verherrlichen. Patriotismus und ehrfürchtige Bewunderung waren offenbar ein vorrangiger Grund, die Dichterzimmer zu besuchen, tatsächlicher Kunstgenuss ist dagegen schwerer zu belegen.

Das Ende des Ersten Weltkriegs und der Thronverzicht des letzten Großherzogs Wilhelm Ernst von Sachsen-Weimar-Eisenach brachten für das Schloss eine entscheidende Zäsur. Drei Flügel der inzwischen vierflügeligen Schlossanlage wurden nun durch die Staatlichen Kunstsammlungen zu Weimar in ein Museum verwandelt. Dass die Dichterzimmer bereits zuvor wie Museumsräume genutzt wurden, machte es dem ersten Direktor Wilhelm Köhler leicht, sie in sein Konzept einzubeziehen. Es erschien ihm sogar „unmöglich, die Dichterzimmer von den Sammlungen abzutrennen. Sie sollen vielmehr wie die Räume des Ostflügels mit den Sammlungen zur Einheit verschmelzen". Obwohl er möglichst wenig in den Räumen verändern wollte, wechselte in der Folgezeit die Möblierung, so dass in den 1930er Jahren in der Goethegalerie nur noch zwei Sofas und kein einziger Stuhl mehr standen. Im ‚Dritten Reich' wurde das gesamte Schlossmuseum inklusive der Dichter-

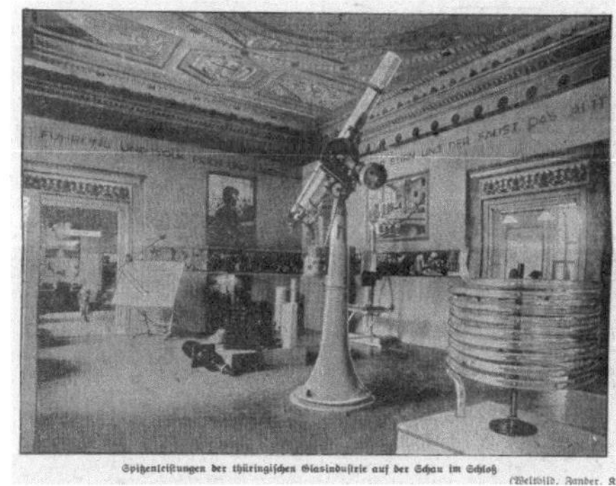

Abb. 4 | Conseilsaal als Ausstellungsraum der ‚Leistungsschau', 1937

zimmer zeitweise durch eine Propagandaausstellung der Nationalsozialisten vereinnahmt. Im Conseilsaal waren etwa Industrieerzeugnisse zu sehen (Abb. 4).

Bombenangriffe des Zweiten Weltkriegs beschädigten das Schloss nur leicht, die Zimmer blieben erhalten. Allerdings waren Feuchtigkeitsschäden zu beklagen und überdies mussten die Dichterzimmer in den letzten Kriegsjahren als Depot dienen. Hier waren unter anderem Bücher, die auf Schloss Bodenstein enteignet worden waren, untergebracht. In den 1960er Jahren erfolgte dann der Rundgang wie schon in den 1920er Jahren durch das Schlossmuseum aus dem Nordflügel in das Schillerzimmer und von dort aus in die weiteren Räume. Ressourcenmangel auf allen Ebenen schränkte den Museumsalltag in der DDR jedoch oft ein. So mussten wegen fehlender Aufsichten immer wieder ganze Etagen schließen. Im Juli 1978 blieben die Dichterzimmer an zwölf von 24 Öffnungstagen geschlossen und Besucher machten ihrem Ärger in einem Beschwerdebuch Luft. Diese Situation sollte sich erst nach der deutschen Wiedervereinigung bessern. Stärker geriet nun das politische Potential der Dichterzimmer und ihre Rolle für die Kanonisierung der Weimarer Klassik im 19. Jahrhundert in den Fokus. In den großen, schlossweiten Sonderausstellungsprojekten *Maria Pawlowna* im Jahr 2004 sowie *Ereignis Weimar* 2007 waren die Memorialräume selbstverständlicher Teil des Rundgangs (Abb. 5). Galt spätnazarenische und romantische Historienmalerei zudem seit Beginn des 20. Jahrhunderts oft als schwülstig und verstaubt, änderte sich diese Wahrnehmung seit den 1970er Jahren und erlaubte wieder eine positivere Bewertung. Dank der Restaurierung erstrahlen die Malereien in neuer Farbigkeit und Frische. In der Neukonzeption des Schlosses nehmen die Dichterzimmer heute einen festen Platz ein und laden dazu ein, sich intensiv auseinanderzusetzen mit einem der Kernaufträge der Klassik Stiftung Weimar: die Mittel und Wege, Weimarer Klassik zu erleben, zu konstruieren, zu inszenieren, zu erforschen und zu vermitteln.

SD

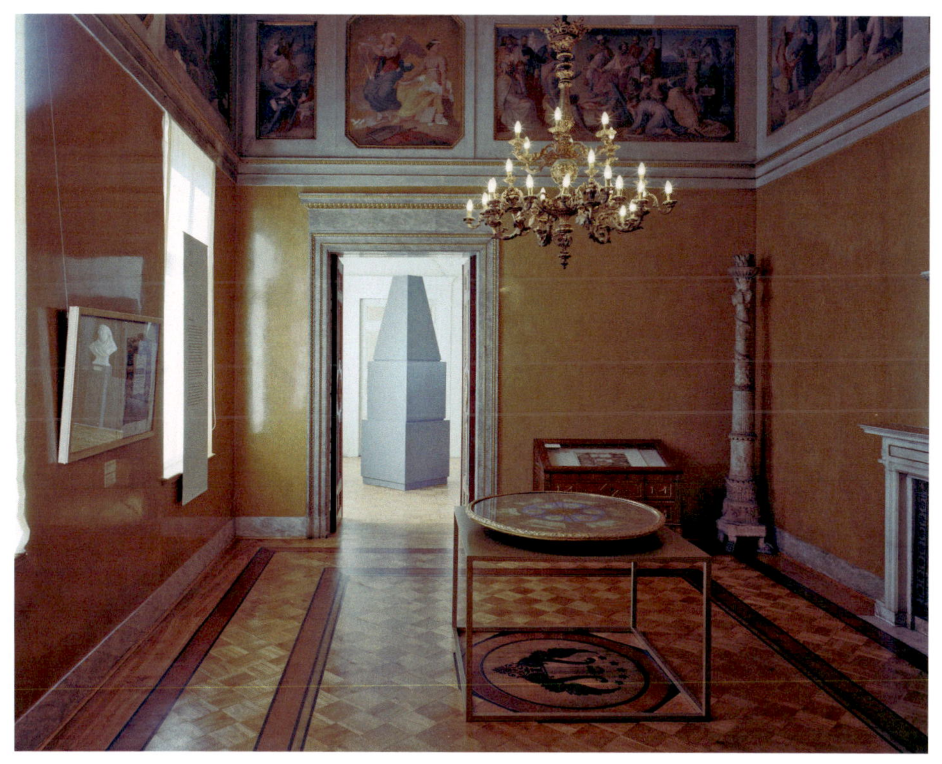

Abb. 5 | Herderzimmer zur Maria Pawlowna-Austellung, 2004

Karl Friedrich Schinkel, Entwurf zur Hauptwand der Goethegalerie, 1836

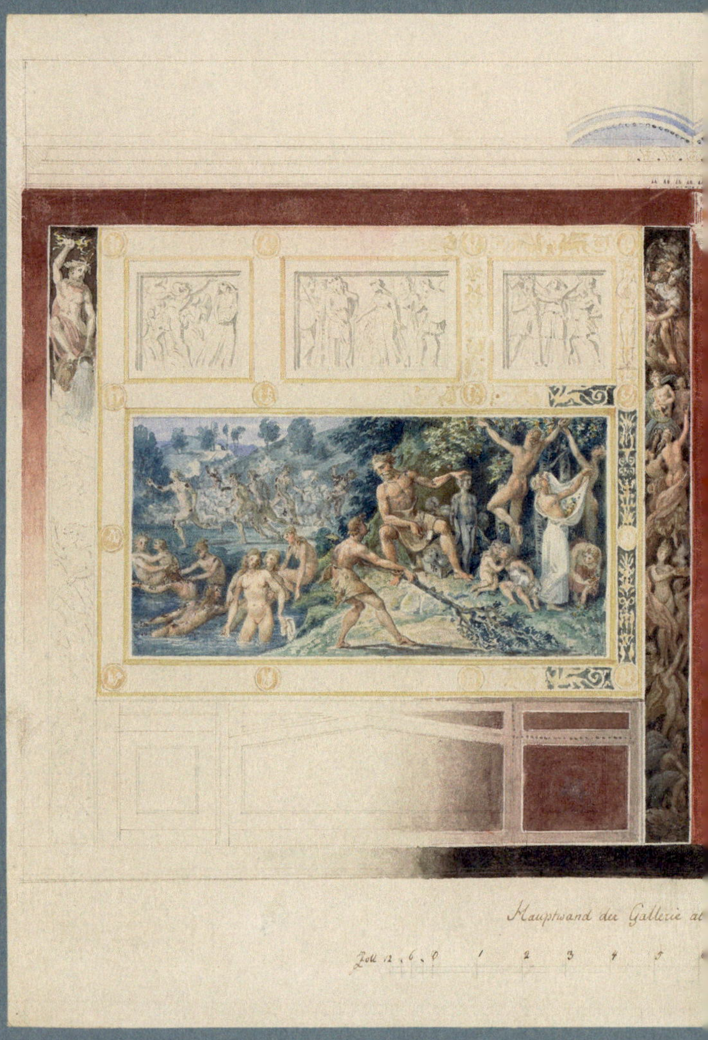

SCHINKELS ENTWURF

Mit Karl Friedrich Schinkel war ein einflussreicher, äußerst gefragter Architekt für das Dichterzimmer-Projekt gewonnen worden. Er hatte zu jener Zeit mit seinem Stil bereits eine ganze Epoche geprägt, was dem Vorhaben zusätzliches Ansehen verlieh. Schinkels Entwurf ging zunächst davon aus, eine Galerie um Antikes in Goethes Werken zu gestalten. In diese sollten die bereits vorhandenen Sarkophagreliefs mit antiker Darstellung des Iphigenie-Stoffs eingebettet sein, um so die Kunst des Altertums und sich darauf beziehende Dichtungen Goethes zu vereinen.

Der Entwurf legte wesentliche Gestaltungslinien fest, die später auch ausgeführt wurden: Die Hauptwand ist in rechteckige Felder aufgeteilt, in die bildliche Szenen eingefügt sind, jeweils eine Hauptszene neben der Tür Richtung Conseilzimmer und je drei kleinere Szenen darüber. Die beiden

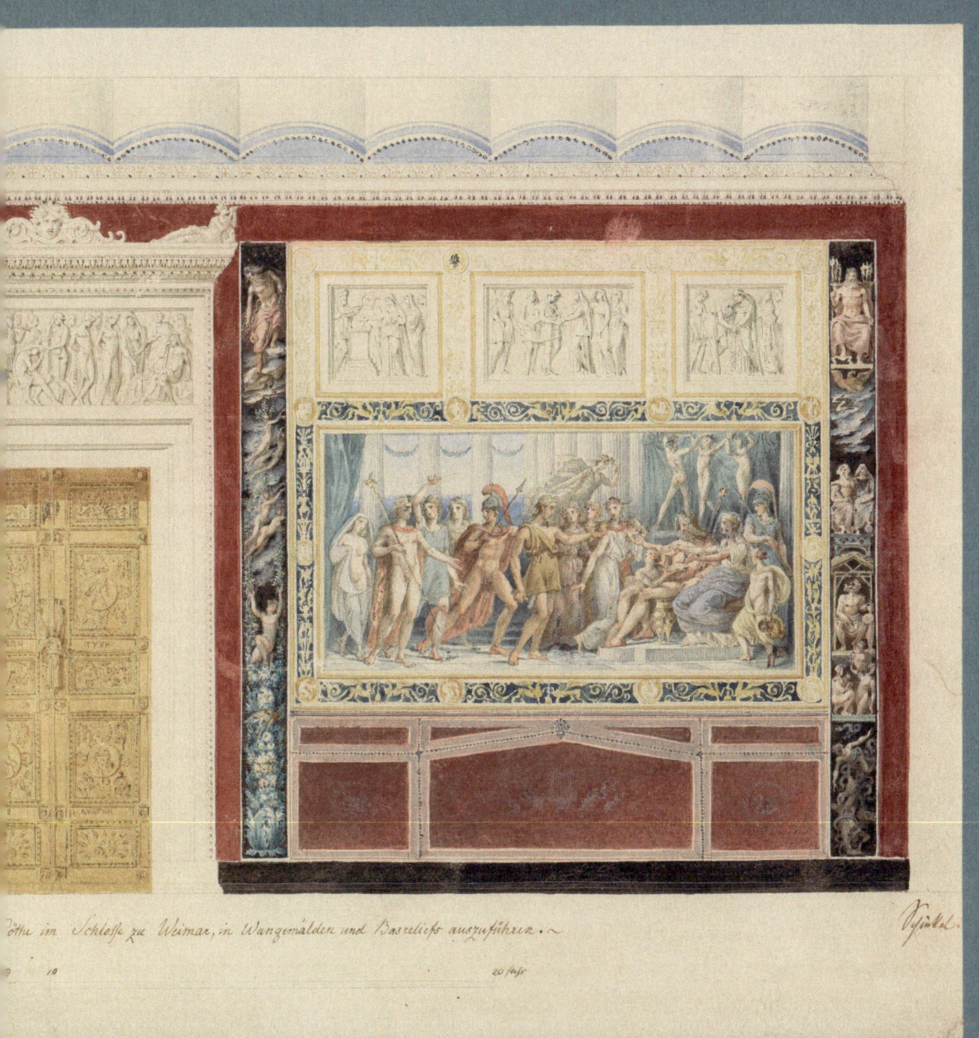

Hauptszenen beziehen sich auf heute weniger bekannte literarische Fragmente Goethes, links *Prometheus*, rechts die *Achilleis*. Schwarz hinterlegte Bildstreifen flankieren links und rechts die bildlich gestalteten Zonen. Antik ist die Farbgebung der dahinterliegenden Wand – pompejanisches Rot, das sich an römisch-antiken Funden orientiert. Die kassettierte Tür wiederholt das Gestaltungsprinzip, bei dem eine Fläche in viele kleine, rechtwinklige Bildfelder aufgelöst wird. In einer weiteren Zeichnung wendete Schinkel diese Gestaltungsprinzipien ebenso auf die schmalen Seiten des Raums und die Fensterfront an. Angedeutet ist in beiden Zeichnungen auch die Decke, die an ein im Sommerwind aufgeblähtes Sonnensegel denken lässt.

DER WESTFLÜGEL

Der Schlossbrand von 1774 hatte den jungen Herzog Carl August von Sachsen-Weimar-Eisenach zur hastigen Flucht vor den Flammen gezwungen. Erst 30 Jahre später, im Sommer 1803, konnte er in das wiedererstandene und nach neuestem Geschmack eingerichtete Residenzschloss zurückkehren. Schon zuvor, im Jahr 1618, war der Vorgängerbau, die alte Burg Hornstein, Opfer eines verheerenden Brandes geworden. Auf den Ruinen errichtete man ab 1650 die sogenannte Wilhelmsburg, einen für Mitteldeutschland richtungsweisenden Barockbau, der allerdings unvollendet blieb. Anstelle des späteren Westflügels befanden sich damals noch Bauten aus dem 16. Jahrhundert. Wiederholte Bemühungen, hier einen weiteren repräsentativen Schlossflügel hinzuzufügen, scheiterten zumeist aus finanziellen Gründen.

Mit dem Wiederaufbau bot sich für Carl August nun die Chance, die nach wie vor unvollendete Schlossanlage durch einen dritten Flügel zu komplettieren. Zunächst entstand 1803/04 nach

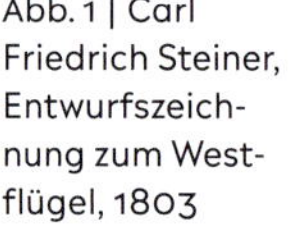

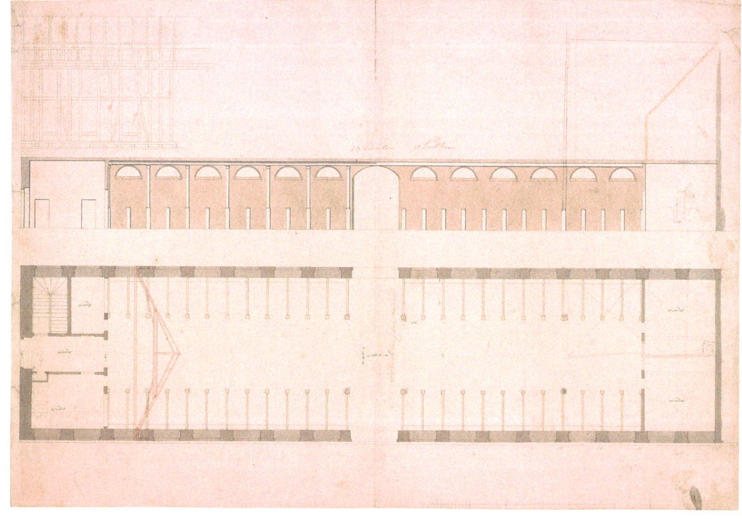

Abb. 1 | Carl Friedrich Steiner, Entwurfszeichnung zum Westflügel, 1803

Plänen des Weimarer Architekten Carl Friedrich Steiner ein Stallgebäude (Abb. 1). Es umfasste ein Geschoss mit 48 Pferdeständen sowie ein darüber liegendes Halbgeschoss, das unter anderem als Unterkunft für die Knechte diente. In der Mitte des Flügels hatte Steiner eine Durchfahrt in den Schlosshof angelegt. 1805 bestimmte der Herzog die Überbauung dieses Marstallgebäudes mit zwei weiteren Etagen, „damit es mit dem kleinen Flügel in eine Höhe und einerley Decoration komme". In den Jahren von 1806 bis 1809 folgten umfangreiche Baumaßnahmen. Der neue Schlossflügel erhielt allerdings nur ein Obergeschoss aus Fachwerk. Vermutlich waren dafür finanzielle und zeitliche Engpässe ausschlaggebend. Die Koalitionskriege gegen Napoleon kosteten den Weimarer Herzog Aufmerksamkeit, Kraft und Geld, so dass die Bauarbeiten am neuen Schlossflügel bald wieder zum Erliegen kamen.

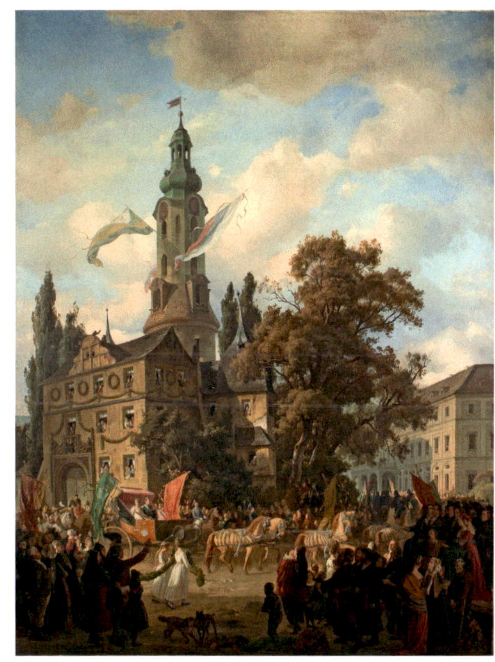

Abb. 2 | Friedrich Preller d. Ä., Einzug der Maria Pawlowna am 9. November 1804 in das Residenzschloss, 1849

Der Westflügel ist eng mit der Vermählung des Erbprinzen Carl Friedrich verbunden, der im November 1804 seine junge Gemahlin Maria Pawlowna aus St. Petersburg nach Weimar brachte (Abb. 2). Beide galt es, standesgemäß unterzubringen. Im Umfeld des Wiener Kongresses 1814/15 versprach der zum Großherzog ernannte Carl August seiner Schwiegertochter Maria Pawlowna, den ins Stocken geratenen Bau voranzutreiben. Er bewilligte 50.000 Taler dafür und übergab die Bauaufsicht an das Erbprinzenpaar als die künftigen Bewohner. Beabsichtigt war, dass Carl Friedrich einen Betrag gleicher Höhe beisteuerte. Die Finanzlage des Großherzogtums war nach dem Krieg jedoch so verheerend, dass die Kammer die in Aussicht gestellten finanziellen Mittel nicht freigeben wollte. Zudem konnte Carl Friedrich, der seine

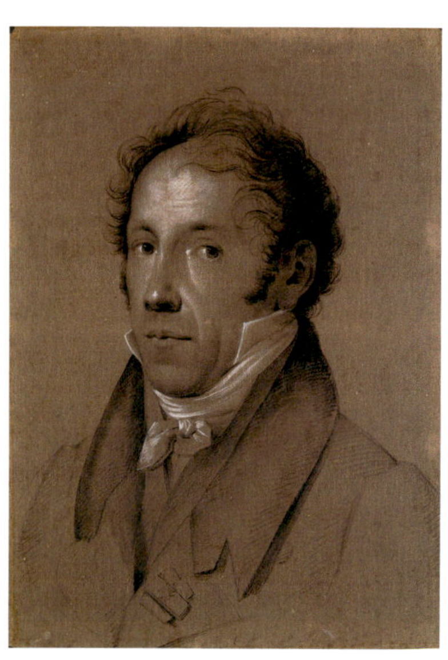

Abb. 3 | Johann Joseph Schmeller, Clemens Wenzeslaus Coudray, um 1825

wachsende Familie im höfischen Sinn versorgen musste, seinen Anteil nicht aufbringen. So ruhte die Baustelle weiter, obwohl man lediglich noch die Wohnzimmer der oberen Etage hätte ausbauen müssen.

Im Jahr 1816 gelang es Goethe, den Baumeister Clemens Wenzeslaus Coudray, in den er große Erwartungen setzte, nach Weimar zu vermitteln (Abb. 3). Während seines Studiums in Paris hatte sich Coudray mit der französischen ‚Revolutionsarchitektur' beschäftigt, die Gebäudefassaden zurückhaltend und doch ansprechend zu behandeln wusste. Auf einer Italienreise lernte er außerdem die antiken Bauten, die dem nordalpinen Klassizismus zum Vorbild dienten, kennen. Nach einer kurzen Tätigkeit für Militär und Stadtplanung in Hanau kam Coudray dann nach Weimar. Zur selben Zeit betraute Maria Pawlowna in St. Petersburg einen zweiten Architekten mit den Planungen für das Weimarer Schloss. Carlo Rossi hatte schon mehrfach für das russische Kaiserhaus gearbeitet. Jetzt entspann sich ein reger Austausch an Briefen und Bauzeichnungen zwischen Weimar und St. Petersburg. Coudray und Rossi fassten den Neubau ganz unterschiedlich auf – der eine als eine Fortführung des bestehenden Schlossteils, der andere als einen eigenständigen Baukörper. Schließlich entstand ein neuer Wohnflügel nach Rossis Grundrissdispositionen. Goethe und Coudray bestimmten hingegen die künftigen Fensterproportionen, die die Gestaltung der äußeren Fassaden ebenso wie den Lichteinfall in die Innenräume wesentlich beeinflussten (Abb. 4). „Durch die so vergrößerten Fenster Oeffnungen würden dann die nicht tiefen Appartements hinlänglich Licht erhalten", urteilte Coudray.

Bis 1818 wurde zumindest das Erdgeschoss zur Hälfte so eingerichtet, dass es bewohnbar war. Ein Pavillon mit großzügiger Treppenanlage sollte den neuen Flügel abschließen. Allerdings wurden dafür nur die Fundamente gelegt.

Als Carl Friedrich im Sommer 1828 die Regierung übernahm, hatten sich die Ansprüche an den neuen Schlossflügel bereits grundlegend gewandelt. Es mangelte nicht mehr an Wohnräumen nachdem die Eltern des neuen Großherzogs verstorben und seine beiden Töchter nach ihrer Heirat ausgezogen waren. 1830/31 wurden zuerst die neuen Wohnzimmer Maria Pawlownas fertiggestellt. Goethe, der sich die Räume von Coudray zeigen ließ, befand diese als „schön, angenehm und prächtig eingerichtet".

Erst 1834/35 schloss sich der Bau des Pavillons am Ende des Westflügels an. Er sollte anstelle einer repräsentativen Treppe jetzt die neue Schlosskapelle aufnehmen.

Die ursprünglich für ihren Gemahl vorgesehenen Innenräume widmete Maria Pawlowna nun dem Andenken Goethes, Schillers, Herders und Wielands. 1836 begann die Ausgestaltung der vier Dichterzimmer. Unmittelbaren Anstoß gab die Idee, kurz zuvor erworbene Büsten, Skulpturen, Reliefs und Kandelaber aus den venezianischen Antikensammlungen Campana und Grimani öffentlich zu präsentieren. Die dazu ausersehene Galerie sollte Fresken mit Darstellungen aus den Werken Goethes zeigen. Dazu passten zwei antike Sarkophagteile mit Reliefs zur Iphigenie-Sage, die deswegen über den Türen der Goethegalerie angebracht wurden.

Ludwig von Schorn, der als Direktor des Freien Kunstinstituts nach Weimar berufen worden war, übernahm die künstlerische Leitung bei der Ausgestaltung der Memorialräume. Nach seinem

Abb. 4 | Clemens Wenzeslaus Coudray, Entwurfszeichnung zur Fassade des Westflügels, 1816

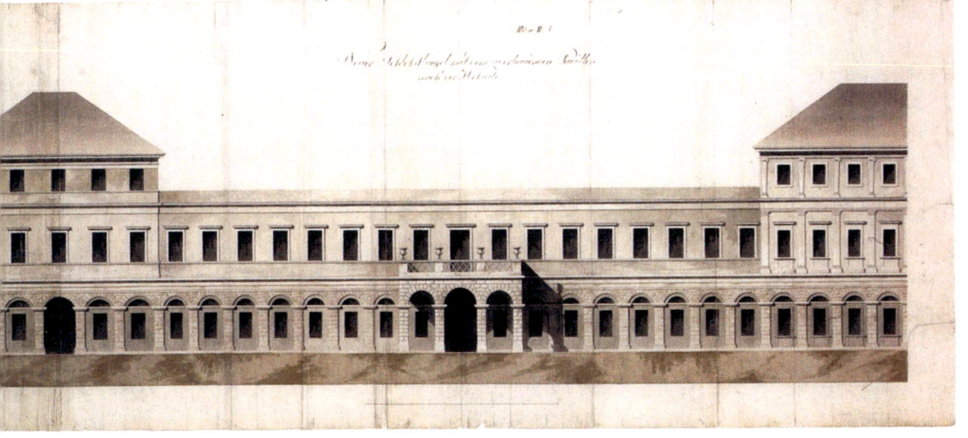

Tod folgte Gustav Adolf Schöll als Berater Maria Pawlownas in entsprechenden Fragen nach. Entscheidende erste Anregungen lieferte außerdem der preußische Hofarchitekt Karl Friedrich Schinkel in Berlin. Ausschlaggebend für das Projekt dürfte das fürstliche Repräsentationsbedürfnis gewesen sein. Einem vermehrt nach Weimar strömendem Publikum, das damals weder Museen noch Denkmäler besichtigen konnte, stand ein Hof gegenüber, der sich in der Verantwortung sah, das Andenken an Weimars sogenanntes Goldenes Zeitalter lebendig zu halten. Maria Pawlowna ließ für die Dichterzimmer insgesamt 18 „Erklärtafeln" anfertigen. Offensichtlich wollte sie, dass die Besucher die Inhalte der vielen Wandfresken erkennen und verstehen. Im Januar 1849 urteilte die Großherzogin: „Die Dichter Zimmer stehen nunmehr vollendet in ihren Glantze da und nehmen sich gut aus." Zu Goethes 100. Geburtstag, im Sommer desselben Jahres, konnten die Dichterzimmer drei Tage lang kostenlos besucht werden.

Während man in Weimar die Dichterzimmer schuf, wurden nahezu zeitgleich in der Münchener Residenz die Nibelungensäle als öffentliche Schausäle eingerichtet. Die Fürsten begannen damit, ausgewählte Repräsentationsräume und Sammlungen einem größeren Publikum zugänglich zu machen. Eine Generation später entstand mit dem Großherzoglichen Museum in Weimar einer der ersten Museumszweckbauten Deutschlands.

An die Dichterzimmer des Weimarer Schlosses schließt sich direkt der Conseilsaal für die Versammlungen des Staatsrates an. Dem Zweck entsprechend rückten hier Landschafts- und Historiengemälde mit Szenen der Thüringer Landesgeschichte das Wirken der Landesfürsten in den Mittelpunkt.

Am Ende des Westflügels liegt das repräsentative Treppenhaus. Aus dem dunklen Erdgeschoss steigt man zum lichtdurchfluteten Vorplatz der neuen Schlosskapelle empor. Das Treppenhaus selbst wurde als Ruhmeshalle konzipiert und setzt Persönlichkeiten der Weimarer Stadt- und Landesgeschichte ein Denkmal. Mit elf Büsten verdienstvoller Männer, darunter Lucas Cranach, Johann Sebastian Bach oder Coudray, wurde hier die Idee der Memorialräume wieder aufgegriffen.

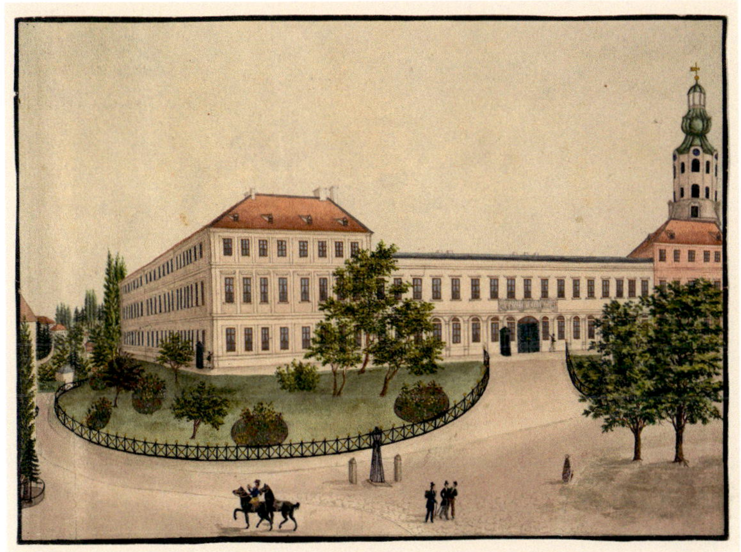

Abb. 5 | Unbekannt, Westflügel des Residenzschlosses in Weimar, um 1850

Während Maria Pawlowna ihre Aufmerksamkeit den Dichtern widmete, beförderte Carl Friedrich die neue Schlosskapelle. 1845 genehmigte er die Gelder für deren Ausbau. Basierend auf Coudrays Entwürfen für einen klassizistischen Kirchenraum entstand unter Mitwirkung des für seine Mittelalterbegeisterung bekannten Erbgroßherzogs Carl Alexander eine Kapelle im frühmittelalterlichen Stil.

Mit den Dichterzimmern, dem Treppenhaus und der Kapelle steht der neue Schlossflügel nicht nur beispielhaft für Mäzenatentum und Repräsentation des Weimarer Fürstenhauses, sondern führt ebenso das Können der beteiligten Künstler und Handwerker sowie die Ressourcen des Landes eindrucksvoll vor Augen (Abb. 5).

Mit der Kapellenweihe am Palmsonntag 1847 fanden die Bauarbeiten am Westflügel ihr Ende. Coudray erlebte das nicht mehr; er war im Herbst 1845 verstorben.

CP

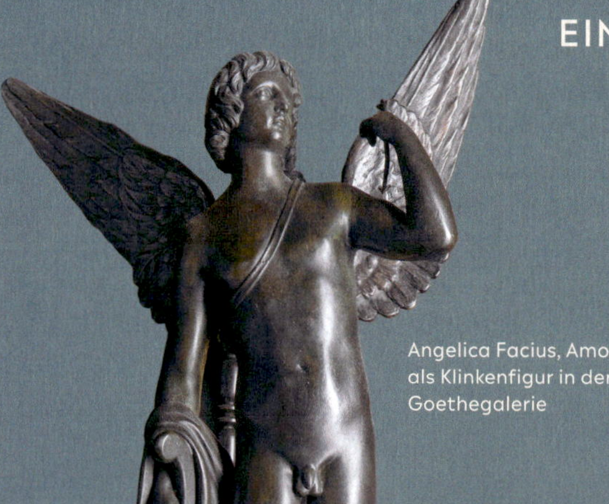

Angelica Facius, Amor als Klinkenfigur in der Goethegalerie

Die Dichterzimmer sind ein Werk vieler Hände und entstanden nach strengen Regeln. Nacheinander leiteten zwei künstlerische Direktoren, Ludwig von Schorn und Gustav Adolf Schöll, das Projekt. Sie mussten sich an die Wünsche der Auftraggeberin, Großherzogin Maria Pawlowna, halten, das Vorhaben inhaltlich steuern und ausgewiesene Künstlerpersönlichkeiten dafür gewinnen. Mitunter mussten sie dabei auch Streit schlichten. Gemeinsame Aufgabe war es, Karl Friedrich Schinkels Entwurf umzusetzen, zugleich entwickelte sich das Projekt weiter: Es startete mit der Verherrlichung der Antike in Goethes Werk und endete als ein den vier Dichtern der Weimarer Klassik gewidmetes Raumensemble. Die Künstler lieferten jeweils einen gezeichneten Entwurf für die einzelnen Bildszenen, der minutiös geplant sein musste. Diese Entwürfe waren zugleich die wesentliche geistige Schöpfung. Die tatsächliche Ausführung der Malerei war dem nachgeordnet und sollte möglichst nicht von den Vorgaben abweichen.

Viele der beteiligten Künstler standen in Verbindung zur Münchner Künstlerakademie, an der die ‚Nazarener‘ lehrten. Der nach ihnen benannten ‚nazarenische‘ Stil war stark an der italienischen Renaissance ausgerichtet. Er galt in den 1820er Jahren als modern und mit den Münchner Akademieschülern Bernhard Neher, Gustav Jäger und Carl Alexander Simon gelangte nazarenische Malerei in einer späten, ausgereiften Form nach Weimar. Im Zusammenspiel mit den Landschaftsmalereien Friedrich Prellers ergab sich so eine einzigartige Stilmischung, die die Dichterzimmer prägt. Zumindest auch eine Künstlerin war beteiligt – die aus Weimar stammende Angelica Facius, die sich zu einer anerkannten Bildhauerin und Medailleurin entwickelte und plastischen Schmuck lieferte.

Carl Alexander Simon, Arabeske im Wielandzimmer

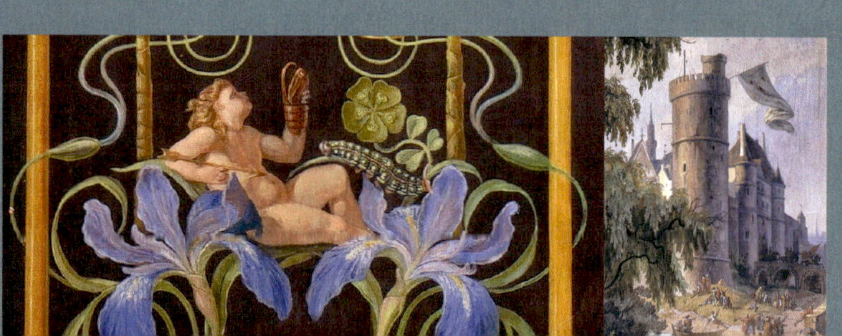

Gustav Jäger, Wandgemälde im Herderzimmer, Detail

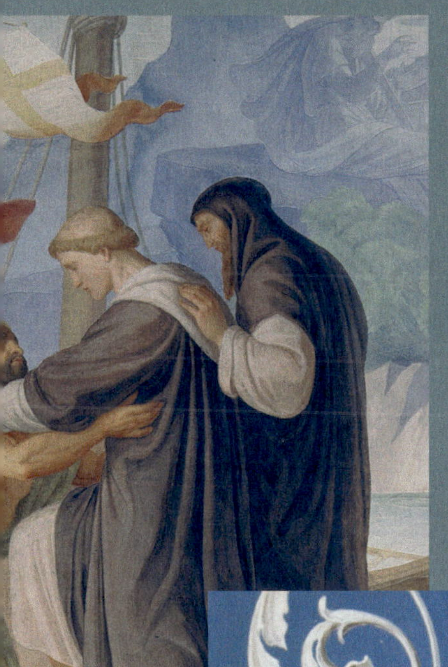

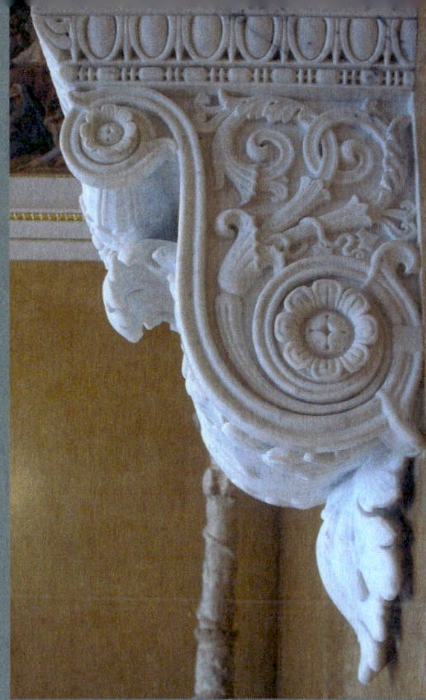

Carl Hütter, Büstenkonsole im Herderzimmer

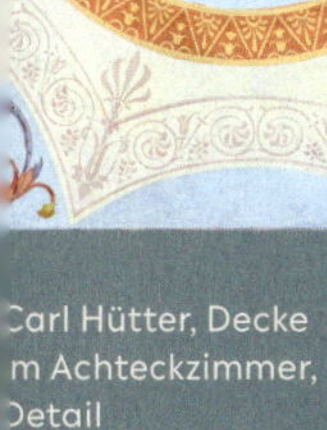

Carl Hütter, Decke im Achteckzimmer, Detail

Friedrich Preller d. Ä., Wandgemälde im Wielandzimmer, Detail

Bernhard Neher, Darstellung zum *Lied von der Glocke* im Schillerzimmer

KÜNSTLER UND KONZEPTE

Bei den Weimarer Dichterzimmern handelt es sich um hochwertige Raumkunstwerke. Sie entstanden im Ergebnis des engen Zusammenwirkens einer ganzen Reihe von Künstlern, Kunsthandwerkern, Kunsthistorikern und Architekten. Die Beteiligten stehen für die vielfältigen Arbeitsschritte, die nötig waren, um das anspruchsvolle Projekt umzusetzen. Diese reichen von der Idee über die Konzeptentwicklung, Fragen der Raumgliederung, verschiedene Entwurfsstadien, die Ausführung der Kartons, deren Übertragung auf die Wandflächen bis hin zur finalen Malerei.

Als wichtigster Mittelsmann zwischen der Großherzogin und allen beteiligten Künstlern fungierte Ludwig von Schorn (Abb. 1). Er war 1833 nach Weimar übersiedelt, um hier das Amt des Direktors der Kunstanstalten anzutreten. Mit ihm hatte Maria Pawlowna eine gut vernetzte und kunsthistorisch gebildete Person an der Hand, um die Dichterzimmer konzeptuell zu planen. Schorn hatte sich nach dem Studium der Theologie der Kunstgeschichte zugewandt, die sich als universitäres Fach erst etablierte, erhielt 1826 eine Professur in München und arbeitete seit 1820 als Redakteur für das *Kunstblatt* – der Beilage zum *Morgenblatt für gebildete Stände* –, das sich zu einer wichtigen Plattform für den Austausch über Kunst und Kunstgeschichte in Deutschland entwickelte. Schorn stand so in Kontakt mit zahlreichen Kunsthistorikern der ersten Generation. Noch während die Dichterzimmer entstanden, erschienen im *Kunstblatt* Texte über das Projekt und machten es so bekannt.

Abb. 1 | Julius Caesar Thaeter nach Vorlage von Bernhard Neher, Ludwig von Schorn, nach 1839

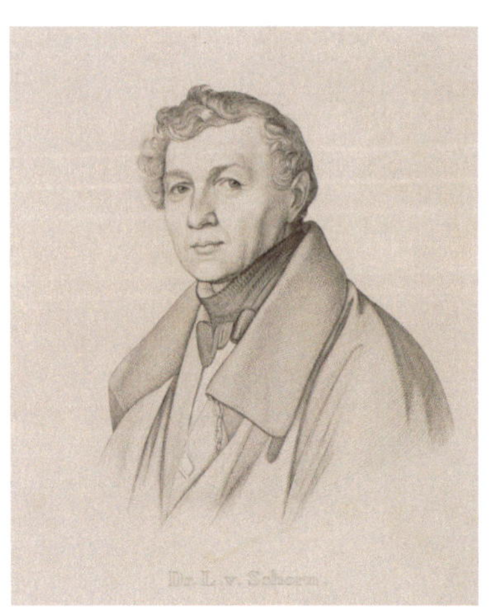

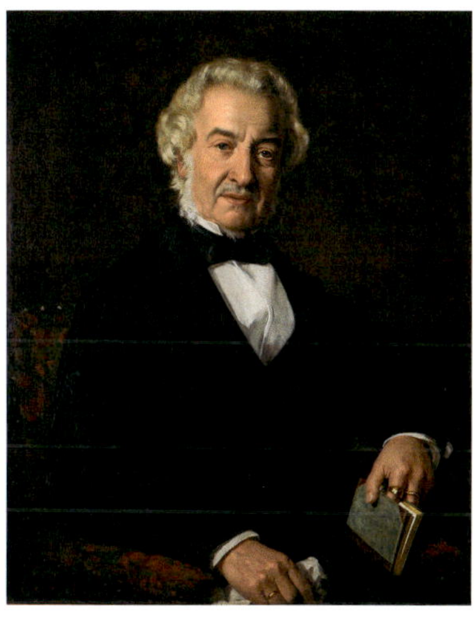

Abb. 2 | Bertha Froriep, Gustav Adolf Schöll, 1879

Weitreichend war Schorns Idee, nicht etwa selbst ein Konzept für die Memorialräume zu entwerfen, sondern dafür 1835 Karl Friedrich Schinkel zu gewinnen. Dessen Zeichnungen bezogen sich zunächst nur auf einen Goethe gewidmeten Raum, die darin eingelassenen Sarkophagreliefs und eine darauf abgestimmte Wand-, Decken- und Gemäldegestaltung, die eine Mischung aus Antikenrezeption und Goethedenkmal darstellte. Im Projektverlauf wurden daraus für die anderen Dichterzimmer Kompositionsprinzipien abgeleitet. Schinkel war zu diesem Zeitpunkt bereits eine führende Persönlichkeit seiner Zeit für klassizistische Kunst, Architektur und Gestaltung in Deutschland. Er betätigte sich auf zahlreichen Gebieten, als Maler ebenso wie als Architekt bis hin zum Entwurf von Möbelstücken. Als preußischer Baubeamter hatte er maßgeblichen Einfluss bei der Umsetzung zahlreicher Vorhaben. Insbesondere seine Vorstellung, wie Architektur und Innenräume stimmig gestaltet werden sollten, wirkte für seine Zeit prägend. Ihn für die Entwürfe der Dichterzimmer zu begeistern, war ein Gewinn für Weimar und verlieh den Memorialräumen besondere Autorität.

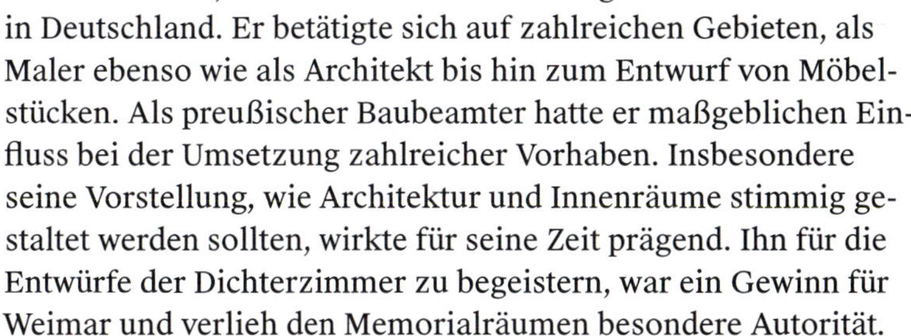

Beenden konnte Schorn seine Koordinationstätigkeit für die Dichterzimmer nicht mehr. Er starb 1842. Ihm folgte der Literaturwissenschaftler und Archäologe Gustav Adolf Schöll (Abb. 2). Habilitiert hatte er sich in Berlin, war ab 1835 als Lektor für Mythologie und Kunstgeschichte an der Akademie der Bildenden Künste tätig und hatte später eine Professur in Halle inne. Ebenso wie sein Vorgänger beriet er Maria Pawlowna und stimmte Entwürfe mit ihr ab. Die umfassende Ausbildung sowie seine breit gefächerten Interessen in den Bereichen Theologie, Antike, Philologie, Archäologie, klassische und germanische Mythologie, Ästhetik und Kunstgeschichte prädestinierten ihn für die Entwicklung des komplexen Bilderfrieses im Herderzimmer. Unter Schölls zahlreichen Veröffentlichungen ist die 1847 erschienene Publikation *Weimar's Merkwürdigkeiten einst und jetzt. Ein*

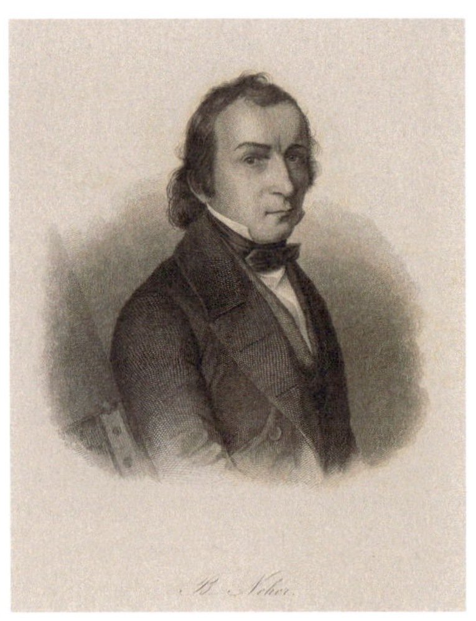

Abb. 3 | Unbekannt, Bernhard Neher, um 1840–1850

Führer für Fremde und Einheimische als Zeitbild noch immer interessant. Ein umfangreiches Kapitel darin widmete Schöll den Dichterzimmern. 1861 wechselte er an die Weimarer Bibliothek, die er bis 1881 leitete.

Der bedeutendste Künstler der Dichterzimmer war der gebürtige Württemberger Bernhard Neher (Abb. 3). Er war als Wandmaler gefragt und schuf zahlreiche Zeichnungen, Ölgemälde und Entwürfe für Kirchenglasfenster. Auf Schorns Anfrage hin war er Anfang Mai 1836 nach Weimar gekommen. Zuvor hatte er in München sein erstes Freskomalerei-Großprojekt erfolgreich realisiert, die Panoramadarstellung der *Rückkehr Kaiser Ludwigs des Bayern aus der Schlacht bei Mühldorf im Jahr 1322* am Isartor. Seine Kunstauffassung eines ‚romantischen Klassizismus' traf den Geschmack der Weimarer Großherzogin. Entwickelt hatte er diese Auffassung in der Ausbildung an der Münchner Kunstakademie ab 1825 bei Peter Cornelius sowie durch die Verbindung zur Künstlergruppe der Nazarener in Rom. Hier hielt sich Neher 1828 bis 1832 für Studien auf. Am Schillerzimmer und der Goethegalerie arbeitete Neher insgesamt elf Jahre. 1841 übernahm er zudem das Amt des Direktors der Leipziger Kunstakademie. 1846 wurde er Professor für Historienmalerei an die Stuttgarter Kunstschule, die er von 1867 bis 1879 als Direktor leitete.

Der Leipziger Künstler Gustav Jäger (Abb. 4) ist als Schöpfer des Bilderfrieses im Herderzimmer von September 1845 bis Herbst 1848 bedeutsam. Es war Jägers erster selbständig zu realisierender Großauftrag für ein Wandmalereiprojekt, dem weitere für Kirchen folgen sollten. Nach einer Ausbildung an den

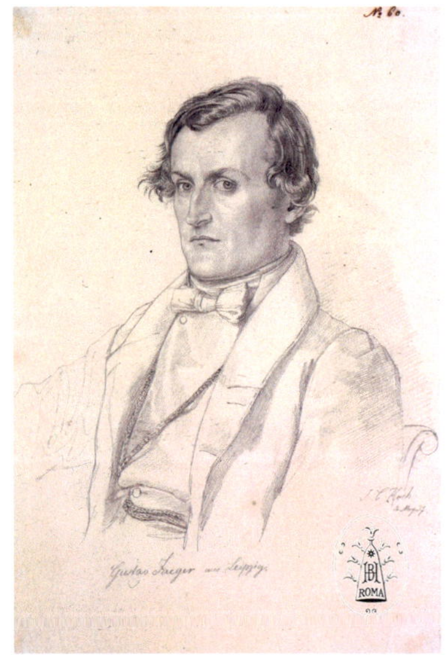

Abb. 4 | Carl Koch, Gustav Jäger, 1837

Kunstakademien in Leipzig und Dresden war Jäger 1830 nach München gegangen, wo er bei Julius Schnorr von Carolsfeld lernte. Nach einer Italienreise mit längeren Aufenthalten in Rom und Neapel kehrte er 1837 nach München zurück. Hier unterstützte er das Großprojekt seines Lehrers, die Ausgestaltung der Nibelungensäle der Münchner Residenz. Ab Ende der 1830er Jahre übernahm er in Weimar im Schillerzimmer unterstützende Arbeiten. Später führte er nach Nehers Entwürfen in der Goethegalerie Wandbilder an der Fensterseite aus. Neher war es auch, der Jäger für die Gestaltung des Herderzimmers vorgeschlagen hatte. Beide Künstler verband die Kunstauffassung eines ‚romantischen Klassizismus', wobei für Jägers Bilder eine statischere Formensprache charakteristisch ist. Noch während der Arbeiten am Herderzimmer wurde Jäger 1847 Direktor der Leipziger Kunstakademie und blieb es bis zu seinem Lebensende. Damit trat er sowohl in Weimar als auch in Leipzig die Nachfolge seines Malerkollegen Bernhard Neher an.

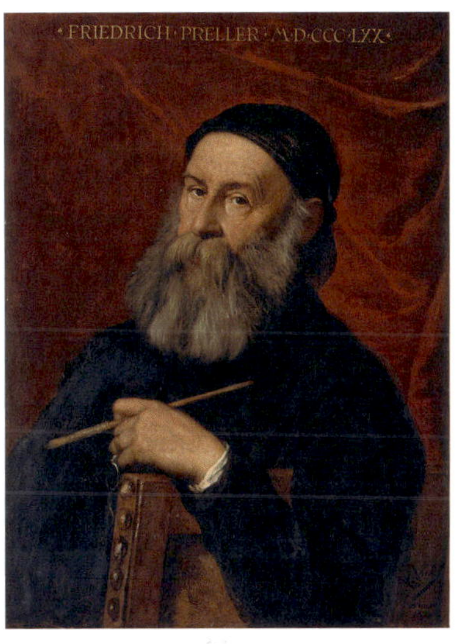

Abb. 5 | Charles Verlat, Friedrich Preller d. Ä., 1870

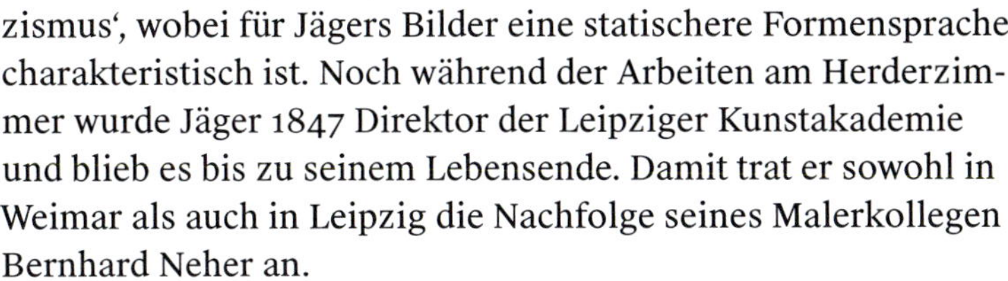

Friedrich Preller d. Ä. (Abb. 5), den Schorn von 1838 bis 1841 für das Wielandzimmer heranzog, prägte in Weimar über ein halbes Jahrhundert hinweg vor allem die Landschaftsmalerei. Seine Ausbildung begann er bei Heinrich Meyer an der Weimarer Freien Zeichenschule; danach studierte er mit einem Stipendium von Großherzog Carl August in Antwerpen und Mailand. In Rom lebte er mehrere Jahre und lernte bedeutende Künstler seiner Generation kennen. 1831 kehrte er nach Weimar zurück. Die Arbeiten am Wielandzimmer unterbrach er für eine Reise nach Norwegen, um die nordeuropäische Landschaft zu studieren. Diese bestimmt auch seine Landschaftsgemälde der folgenden Jahrzehnte, in die Figuren und Handlungen eingebettet sind, ein Konzept der ‚heroischen Landschaft', das er von Alten Meistern übernahm. Von 1868 bis 1873 beschloss er seine Karriere als Direktor der Weimarer Zeichenschule.

Neben Preller beauftragte Schorn für das Wielandzimmer Carl Alexander Simon für den Entwurf der Arabesken und der Zwickelfiguren unter der Kuppel. Die Zwickelfiguren malte Simon dann auch selbst, während die Arabesken von Carl Hütter, der sich in München in der enkaustischen Maltechnik hatte schulen lassen, ausgeführt wurden. Simon hatte unter anderem in München bei Peter Cornelius studiert, einem der führenden Nazarener. Nach einer Italienreise, die ihn nach Rom, Neapel und Sizilien führte, übersiedelte er 1835 nach Weimar. Simon malte auch jenseits des Wielandzimmers für den Hof, zum Beispiel 1838 eine Darstellung des Sängerkriegs auf der Wartburg. Er entwarf zudem ein Umgestaltungskonzept der Wartburg, das Erbgroßherzog Carl Alexander jedoch ablehnte. 1842 verließ Simon Weimar, betätigte sich in Stuttgart politisch und wanderte nach der gescheiterten Revolution von 1848 nach Chile aus. Hier kam er bei kämpferischen Auseinandersetzungen mit Ureinwohnern ums Leben. Im Wielandzimmer hat er sich mit einem versteckten Selbstporträt verewigt, das so auch Teil seines Entwurfs war.

Obgleich der aus Eisenach stammende Sixt Armin Thon der jüngste im Kreis der Malerkollegen war und heute nahezu unbekannt ist, weisen ihn seine nach Entwürfen Nehers ausgeführten Arbeiten für das Schillerzimmer und die Goethegalerie als einen talentierten und souveränen Künstler aus. Seine umfangreichen Arbeiten als Maler, Zeichner, Illustrator, Graphiker und Fotograf stehen ebenso wie seine Tätigkeiten für den Hof und für die Weimarer Mal- und Zeichenschule heute wieder im Interesse der Forschung. Nach einem kurzen Studienaufenthalt an der Leipziger Kunstakademie war Thon Schüler bei Friedrich Preller d. Ä. an der Freien Zeichenschule in Weimar und vervollkommnete in Extrakursen seine Ausbildung als Radierer. Großen Einfluss auf seine künstlerische Produktion hatte 1840 eine mehrmonatige Norwegenreise mit seinem Lehrer. Mit der Freien Zeichenschule blieb Thon lebenslang eng verbunden. Er arbeitete dort seit 1861 als Lehrer, seit 1873 als stellvertretender Direktor und schließlich als Direktor von 1883 bis 1889. In der Goethegalerie schuf Thon den Zyklus der elf Deckenmedaillons, die in humorvoller Weise die wichtigsten Attribute der Tätigkeit Goethes zusammenfassen.

Ebenfalls eher ein unterstützender Künstler bei der Ausgestaltung der Dichterzimmer war Carl Hütter. Er hatte unter anderem in London, Paris und den Niederlanden gearbeitet. Seit 1830 war er in Weimar als Hofstuckateur tätig. Als Lehrer unterrichtete er außerdem in der Weimarer Baugewerkschule, die seit 1859 Bauhandwerker ausbildete. Für die Dichterzimmer war er unter anderem gefragt, weil er die aus der Antike bekannte Technik der Enkaustik beherrschte. Bei dieser, eine besonders lange Lebensdauer von Malerei versprechenden Technik wird die Farbe mit heißem Wachs aufgetragen. Hütter führte in allen Dichterzimmern Stuckarbeiten aus, malte Ornamente und die Wände der Schillertreppe.

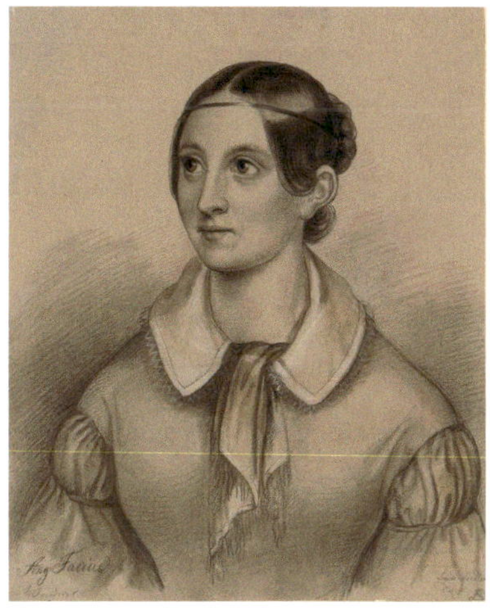

Abb. 6 | Louise Caroline Seidler, Angelica Facius, 1840

Nicht nur Männer gestalteten die Dichterzimmer, sondern auch die Bildhauerin und Medailleurin Angelica Bellonata Facius (Abb. 6). Ihr zweiter Vorname bedeutet „im Krieg geboren“ und verweist auf das Jahr der Schlacht bei Jena und Auerstedt. Sie war im Haushalt eines Medailleurs aufgewachsen. Ihr Vater Friedrich Wilhelm Facius lebte seit 1788 in Weimar und fertigte Medaillen auf Herzog Carl August ebenso wie auf die vier klassischen Dichter. Künstlerisch übertraf Angelica ihren Vater. Im jugendlichen Alter war sie Goethe begegnet, der ihre Karriere förderte, ab 1827 wurde sie in Berlin Schülerin bei dem Bildhauer Christian Daniel Rauch und kehrte 1834 wieder nach Weimar zurück. Neben den plastischen Arbeiten für die Goethegalerie, dem Porträtrelief Goethes und den Türen, schuf sie Medaillen, unter anderem auf die Eröffnung des Schillerhauses 1847.

SD | KK

Bernhard Neher, Entwurf zur Hauptwand der Goethegalerie, 1836

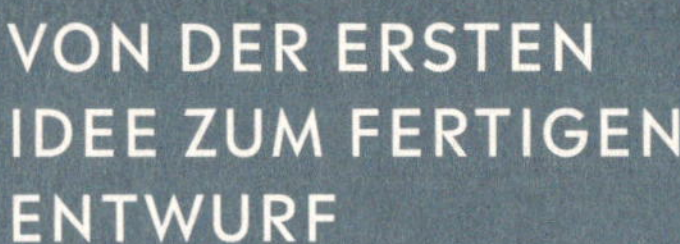

VON DER ERSTEN IDEE ZUM FERTIGEN ENTWURF

Was Schinkel vorgab, mussten die Maler der Dichterzimmer umsetzen. Bernhard Nehers Entwurf für die Goethegalerie zeigt, wo der Künstler sich daran hielt und wo er eigene Ideen einbringen konnte.

Die Wand ist wie bei Schinkel in ein klares Raster unterteilt – in der Mitte eine querrechteckige Szene, darüber drei kleinere Bildfelder, das Ganze links und rechts flankiert von schwarz hinterlegten Bildstreifen mit vertikal aufsteigenden Figuren. Ebenso wie bei Schinkel ist die Wandfläche pompejanisch rot gefasst, unten schließt eine schwarze Sockelleiste die Wandmalerei ab. In einigen Details lässt sich jedoch Neues erkennen: Das große Bildfeld wird getragen durch kleine Putti, antike Vorbilder von christlichen Engelchen, und dazwischen sind kleine Figurenszenen auf den roten Untergrund gesetzt. Dadurch, dass die Putti scheinbar das große, zentrale

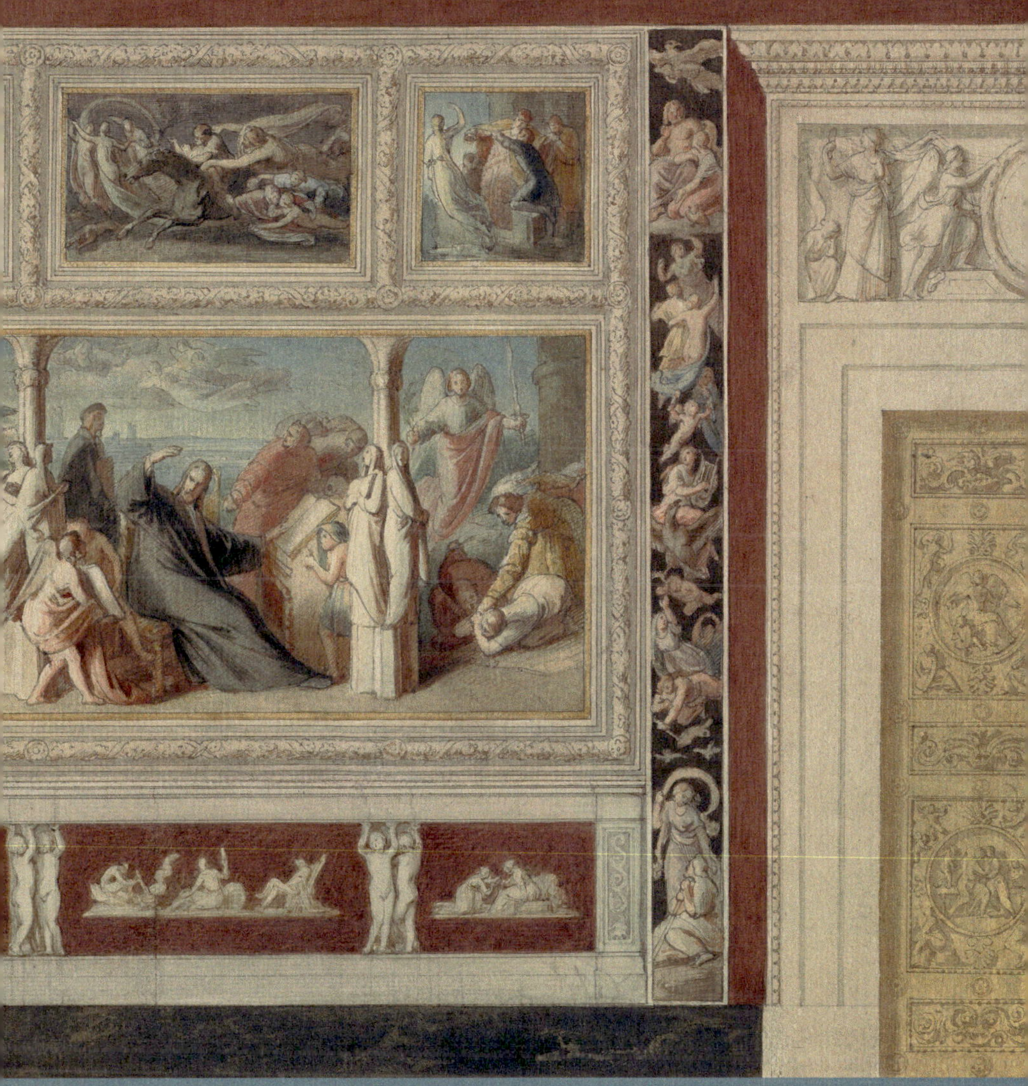

Bildfeld stützen, muss in der Mitte kein Giebel mehr aufragen. Zudem wird das große Bildfeld jetzt von einer Girlande umrahmt, die wie Stein beziehungsweise Stuck anmutet.

Grundsätzlich haben sich die Bildinhalte verändert, statt antiker Szenen illustrierte Neher Werke von Goethe. Diese Inhalte sind anschließend nahezu identisch zu dem Entwurf ausgeführt worden. Es entfielen lediglich unten die figürlichen Szenen zwischen den Putti, so dass diese breiteren Raum einnehmen konnten. Außerdem werden vier Puttipaare, nicht nur zwei, dargestellt. Die Tür wurde nach Nehers Entwurf ohne Giebelschmuck ausgeführt, statt des ursprünglich vorgesehenen antiken Reliefs ist hier nun der Entwurf mit Goethes Medaillon im Zentrum zu sehen. Die spätere Ausführung des Medaillons stammt von Angelica Facius.

SCHILLERTREPPE

Die Schillertreppe (Abb. 1) beschreibt Gustav Adolf Schöll in *Weimar's Merkwürdigkeiten* 1847 als einen von insgesamt drei Zugängen zu den Dichterzimmern. Die beiden anderen sind das Treppenhaus von Coudray und eine „Nebentreppe" neben der „Thorhalle" unter der Schlosskapelle. „Den dritten Aufgang", so Schöll, „haben wir unter dem Altan, im zweiten Portal. Wir finden Wände und Decke dieses Thorflurs, und die Treppe rechts von demselben, pompejanisch gemalt (von Hütter). Oben hat man links die Thür in den Salon, vor sich die in's Entrée zwischen Goethe-Galerie und Schillerzimmer." Die Bezeichnung als Schillertreppe bürgerte sich erst im Laufe der Zeit ein, da man über sie am schnellsten ins Schillerzimmer kam.

Der Raum hat keine Fenster und wird durch zwei Oberlichter beleuchtet. Das Erdgeschoss wirkt dadurch sehr dunkel. Auf der unteren Hälfte sind die Wände mit einer grauen Marmorierung und einem schwarzen Muster bemalt, um Mauerwerk mit dunklen Fugen zu simulieren. Ein umlaufendes Ornamentband schließt diesen Bereich ab. Darüber liegt ein Ornamentband als Sockelzone, über der sich eine helle Wand mit fein gemalten Dekorationen erhebt. Diese orientieren sich an der Malerei aus der antiken Stadt Pompeji, die im 18. Jahrhundert wiederentdeckt worden war (Abb. 2). Typisch sind das Architekturmotiv mit einem dreieckigen Giebel auf zwei Säulen, eine Ädikula, oder in den

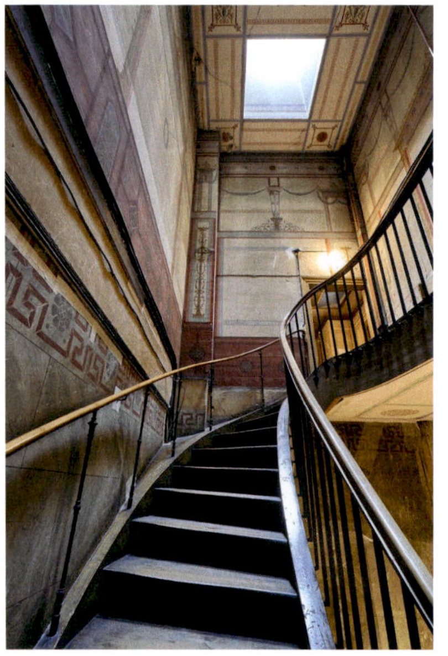

Abb. 1 | Schillertreppe in den ersten Stock des Westflügels

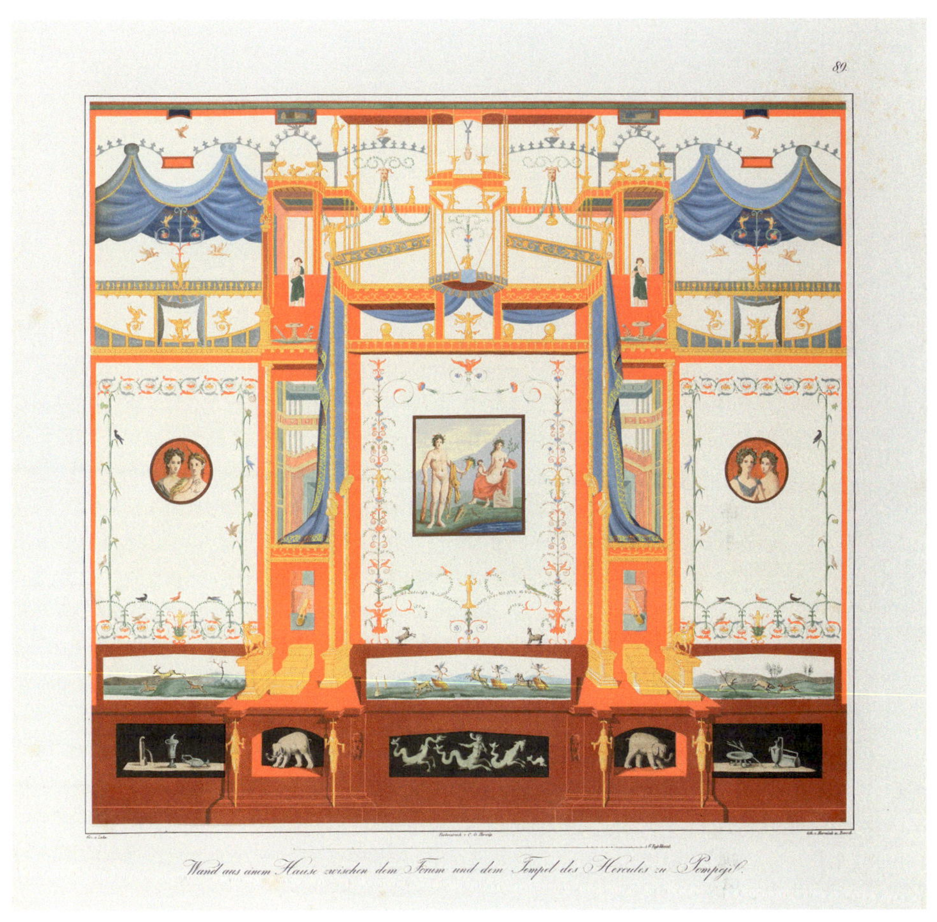

Abb. 2 | Wandgestaltung aus Wilhelm Zahns Abhandlung zu pompejanischer Wandmalerei, 1828/1829

Wandecken gemalte Standleuchter, Kandelaber. Vom oberen Treppenabsatz aus, unter einem dritten Oberlicht, führen zwei Türen in das Achteckzimmer und das Conseilzimmer. Ein interessantes Detail sind hier zwei Wandklappen: Dahinter verbergen sich Nischen, durch die die Öfen der beiden Zimmer rückseitig befeuert wurden.

SD

ACHTECKZIMMER

Wer von der Schillertreppe aus die Dichterzimmer betritt, muss das Achteckzimmer durchqueren (Abb. 1). Dieser Verbindungsfunktion entspricht die reiche Ausmalung, die keine Werke illustriert, sondern auf die nachfolgenden Räume einstimmt. Pompejanische Wandmalerei ist auch hier das Vorbild der Dekoration, so zum Beispiel die oben umlaufende Bildzone mit einem hellen Bildgrund, Rankenornament mit Vögeln sowie Kandelabern links und rechts als Bildbegrenzung. Das Motiv der Ädikula taucht ebenfalls wieder auf. Die Porträts auf den Türen erinnern nicht an konkrete Personen, sondern vielmehr an die römische Antike als eine idealisierte Epoche. Inspirieren ließen sich Maria Pawlowna und Coudray dabei von einem Buch des Berliner Malers und Archäologen Wilhelm Zahn. Dessen ab 1828 erschienenes mehrteiliges Werk *Die schönsten Ornamente und merkwürdigsten Gemälde aus Pompeji, Herkulanum und Stabiae* bot ihnen Vorlagen, unter denen sie wählten wie aus einem Katalog. Darunter waren auch Beispiele mit goldockerfarbenen Architekturornamenten auf blauem Hintergrund, ein Konzept, das der untere Wandbereich aufnimmt. Die Decke kombiniert Ranken mit Vögeln sowie fliegende Vögel auf einem hellblauen Grund in Anspielung auf blauen Himmel. An den vier schmalen, diagonalen Schranktüren in den Raumecken sind realistische Landschaftsgemälde eingelassen. Sie zeigen Schlösser des Großherzogtums Sachsen-Weimar-Eisenach, die noch heute Sehenswürdigkeiten sind: Schloss Belvedere im Süden Weimars und das als Musensitz von Anna Amalia bekannte Schloss Tiefurt im Osten der Stadt, das nördlich von Jena gelegene Dornburg mit einem Renaissance- und einem Rokokoschloss sowie Schloss Wilhelmsthal südlich von Eisenach.

SD

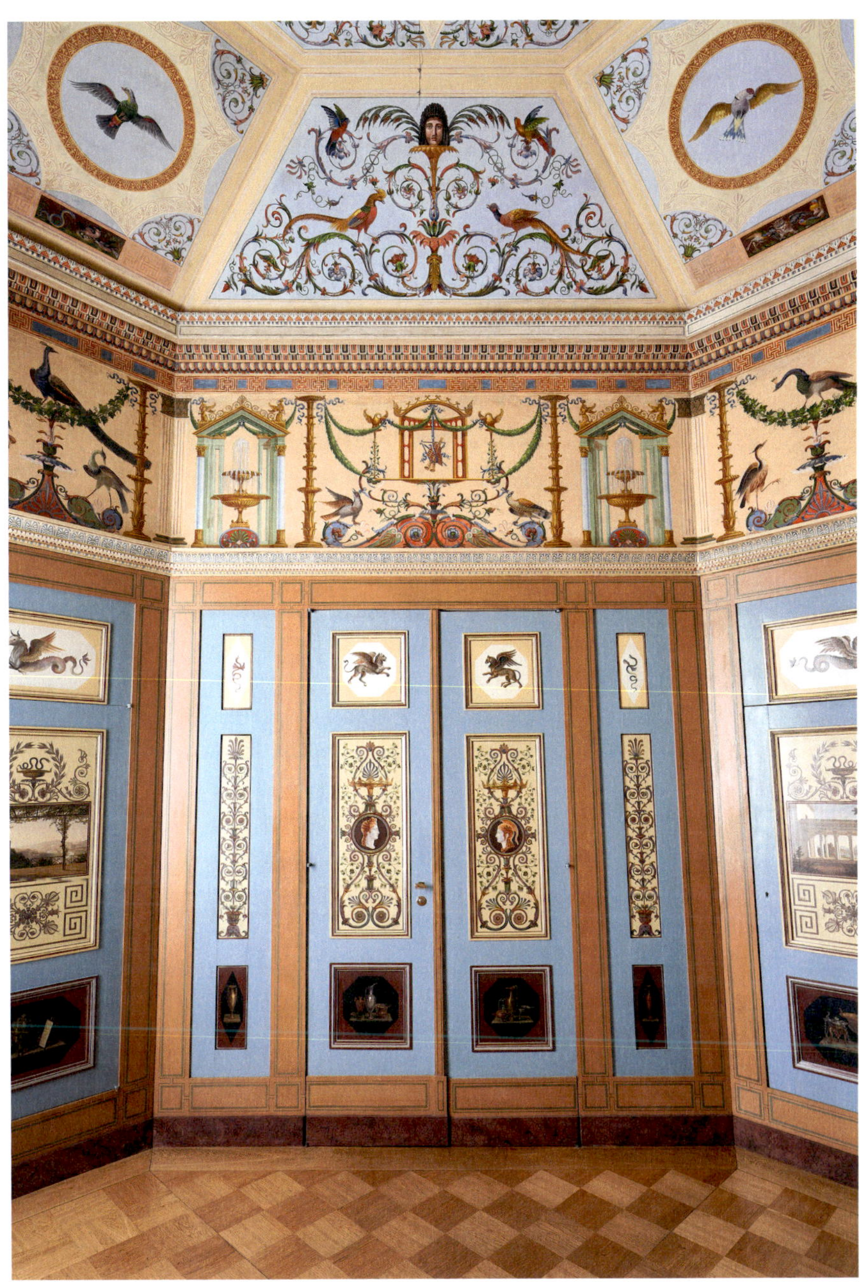

Abb. 1 | Tür zum Schillerzimmer

SCHILLERZIMMER

Das Schillerzimmer ist fast würfelförmig. Seine Wände wurden für die Illustrationen in viele große und kleine Rechtecke geteilt. Eine solche Gliederung hatte Schinkel bereits für die Goethegalerie vorgegeben. Die Architektur unterstützt diese Aufteilung: Zwei hochrechteckige Türen und zwei rechteckige Fenster öffnen den Raum, das Parkett ist in Quadrate aufgeteilt und auch die Decke folgt einem quadratischen Raster. An der Ostwand springt mittig über die gesamte Wand laufend ein Mauerstreifen für einen Kamin vor. Das Raster wird dort aufgelockert durch eine kreisrunde Nische über dem Kamin und der Akzent wiederholt sich in dem kreisrunden Schmuck am Kamingitter (Abb. 1).

Die Illustrationen reichen nicht bis zum Boden. Stattdessen bietet eine Holzvertäfelung, eine Lambris, einen Sockel für die Bildzone. Eine Lambris gibt es in vielen Schlossräumen, in den Dichterzimmern findet sich allerdings eine modifizierte gestalterische Lösung. Zusammen mit dem Kamin und dem Kronleuch-

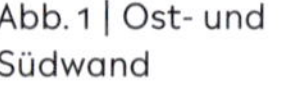

Abb. 1 | Ost- und Südwand

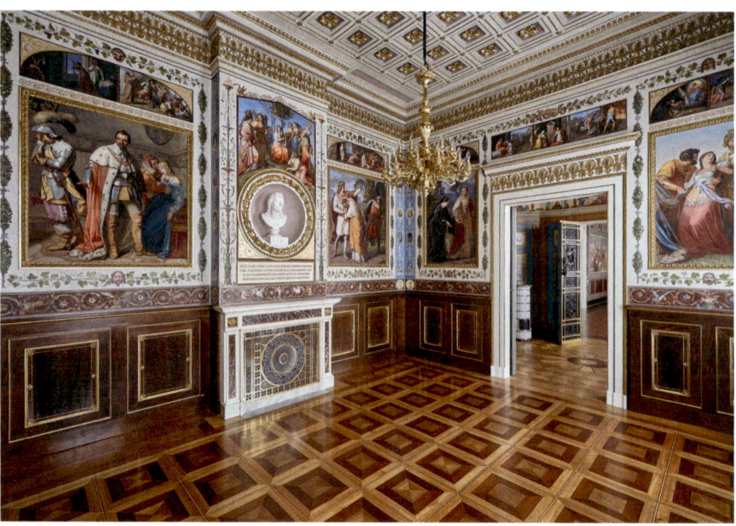

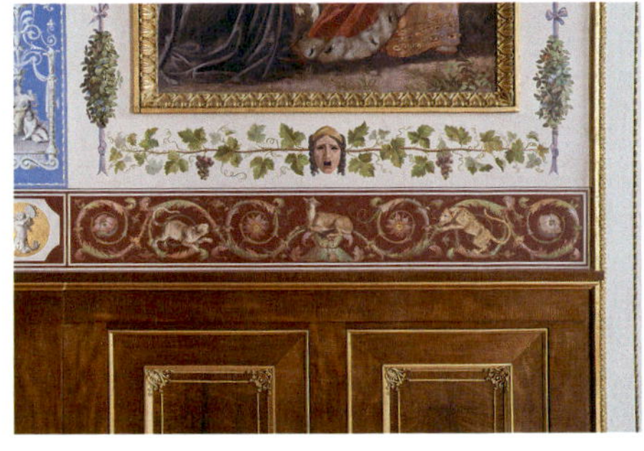

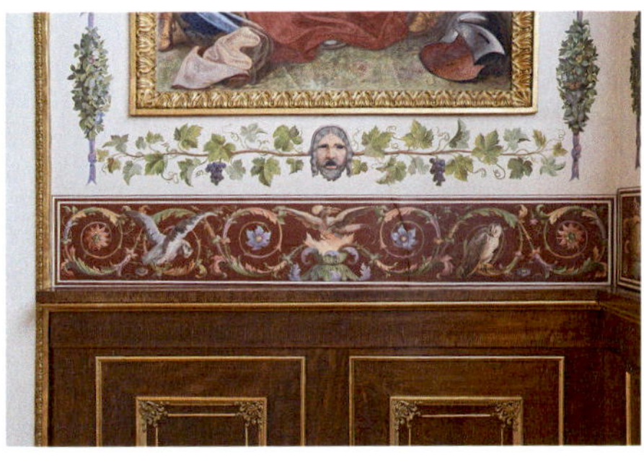

Abb. 2 | Bernhard Neher, Tierfriese der Südwand mit jagenden Raubkatzen und Eulenillustrationen

ter wirkt der Raum daher wie die Mischung aus einer festlich geschmückten Gemäldegalerie und einem Fürstenappartement. Über der Lambris grenzt ein Band mit Grotesken die Bildzone ab, sich kringelnde Pflanzenornamente mit Tierfiguren, ein aus der antiken Wandmalerei entlehntes Motiv (Abb. 2). Dass der Raum ein Denkmal sein soll, verdeutlichen die Schiller-Büste über dem Kamin und die darunter zitierten Verse. Die Büste ist eine Kopie von Theodor Wagner nach dem bekannten Vorbild von Johann Heinrich Dannecker. Die vier Verse in vergoldeten Lettern stammen aus Schillers *Huldigung der Künste* (Abb. 3). In diesem lyrischen Werk spricht die Figur der Poesie: „Mich hält kein Band, mich fesselt keine Schranke, frei schwing' ich mich durch alle Räume fort. Mein unermesslich Reich ist der Gedanke, und mein geflügelt Werkzeug ist das Wort." Das dramatische Gedicht hatte Schiller im November 1804, ein halbes Jahr vor seinem Tod, der jungen Großherzogin Maria Pawlowna gewidmet. Es wurde anlässlich ihres Einzugs in Weimar uraufgeführt. Die Szene über der Nische zeigt insgesamt acht Figuren daraus - Architektur, Skulptur, Tanz, Schauspiel, Poesie, Malerei, Musik und einen Genius, der alle führt. Ganz sicher, welche Figur was verkörpert, waren sich schon die Zeitgenossen nicht; Ludwig von Schorn geriet selbst in Verwirrung darüber. So wäre zu erwarten, dass die Figur der Poesie, deren Worte unter Schillers Büste zu lesen sind, auch den herausgehobenen Platz in der Mitte der Szene einnimmt – hier befindet sich aber stattdessen eine Figur mit einer Leier, die im Schauspiel die Musik verkörpert. Zumindest eindeutig für jeden in

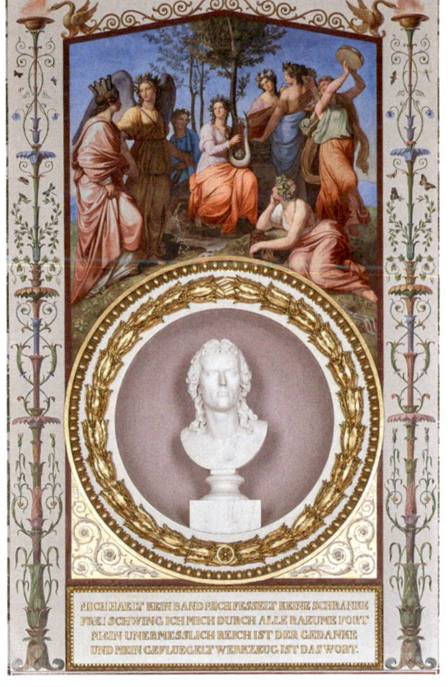

Abb. 3 | Bernhard Neher, *Huldigung der Künste*, davor Büste Friedrich Schillers und Zitat der Poesie

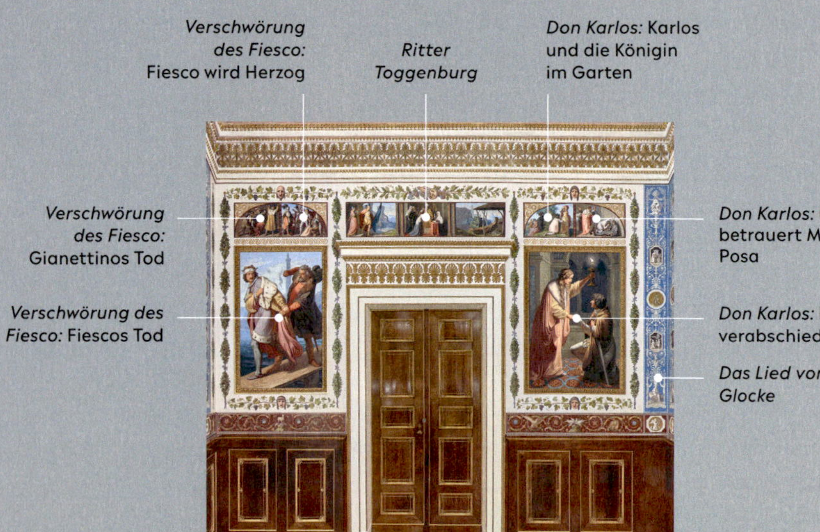

NORDWAND

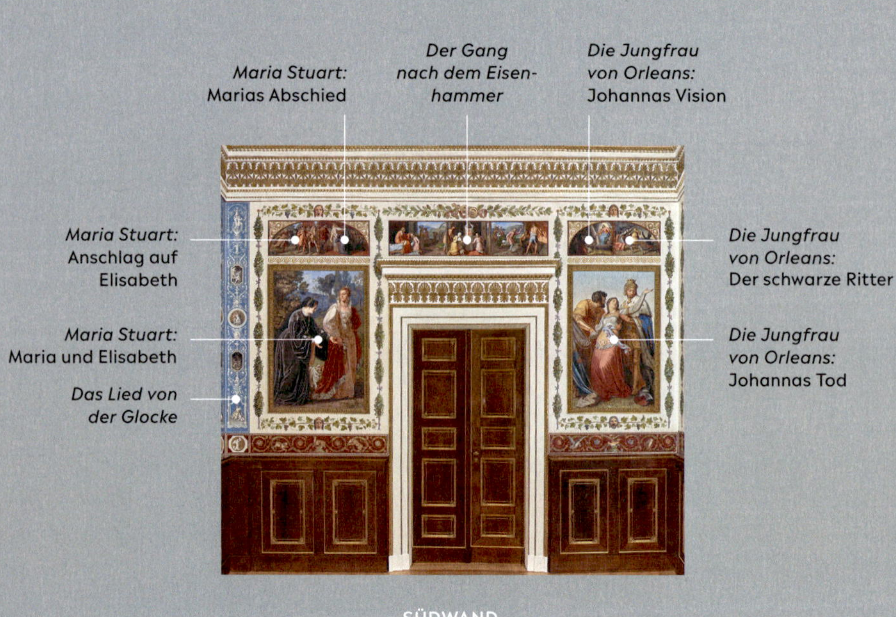

SÜDWAND

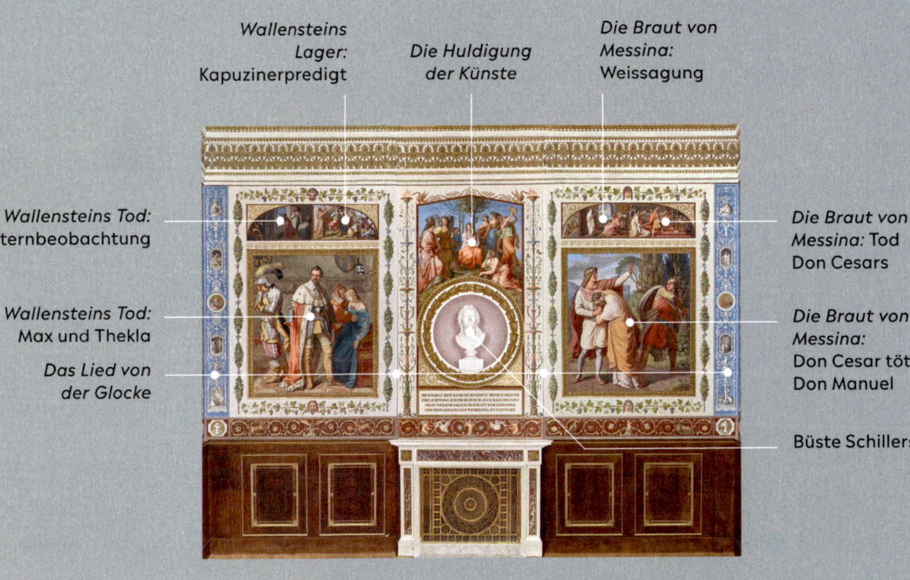

OSTWAND

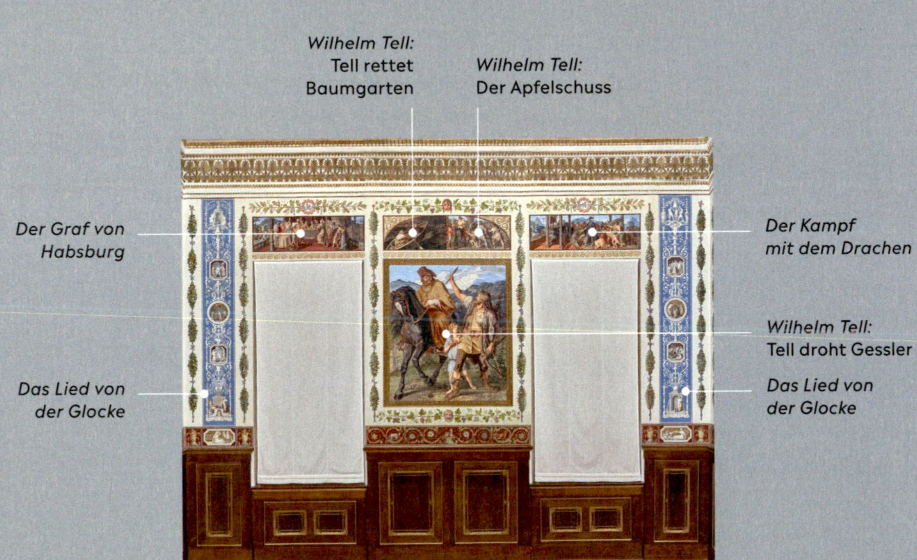

WESTWAND

Kunst gebildeten Menschen der Zeit war das Vorbild dieser Illustration, ein Gemälde der Renaissance: *Apoll und die Musen auf dem Berg Parnass* von Raffael in den Stanzen des Vatikan, eine im 19. Jahrhundert weltbekannte Komposition. Text, Bild und Büste sind also eng miteinander verbunden. Sie sind ein Bekenntnis zur Freiheit des Dichters, wirken wie ein Testament Schillers, spiegeln höchsten Kunstgeschmack der Zeit wider und sind zugleich eine Huldigung an den Weimarer Hof und die Mäzenin der Dichterzimmer, deren Privaträume gleich neben dem Schillerzimmer lagen.

An den Wänden umlaufend sind sechs Dramen aus dem Œuvre Schillers dargestellt. Jedes Drama erhielt ein großes Bild, das wie in einem Leinwandgemälde eine Hauptszene des jeweiligen Stücks festhält. Stets werden zwei bis drei Figuren in einem entscheidenden Moment gezeigt. Die Akteure vermitteln dabei starke Gefühle. Liebe, Trauer, Verzweiflung, Gewalt und Tod als zentrale Komponenten von Tragödien sind zu erkennen und die jeweiligen Situationen so gewählt, dass dem Betrachter ein bestimmter Satz aus dem Drama dazu in den Sinn kommen kann. Ein rechteckiger Streifen über jedem Gemälde wurde genutzt, um je zwei weitere kleine Szenen aus den Dramen zu ergänzen. Diese Szenen sind in Bogen eingefasst. Das drängt die Kompositionen etwas zusammen, lenkt aber den Blick und macht leicht erfassbar, dass ein Drama hier immer aus einer Hauptszene und zwei Nebenszenen besteht. Ein grünes Pflanzenornament, Weinreben und Girlanden mit antiken Theatermasken rahmen zudem die jeweiligen Dramen.

Die Verschwörung des Fiesco zu Genua thematisiert den Kampf um die Herrschaft der Stadt und um unterschiedliche Herrschaftsformen (Abb. 4). Die Wahl ist zu treffen zwischen Repu-

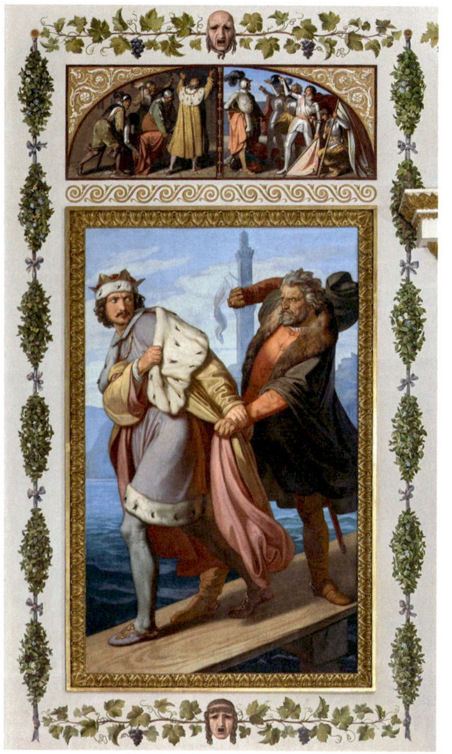

Abb. 4 | Bernhard Neher, *Die Verschwörung des Fiesco zu Genua*

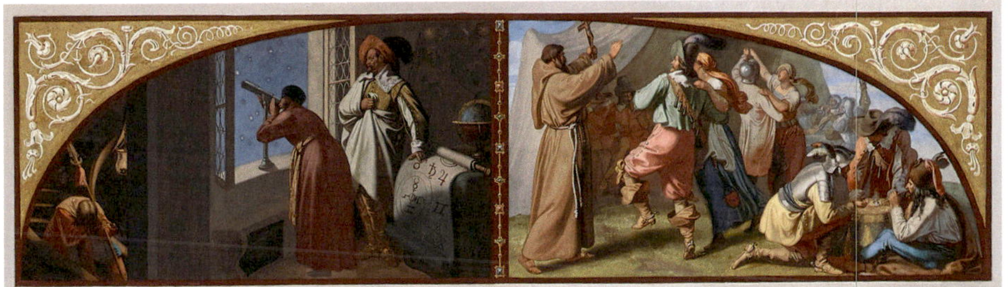

Abb. 5 | Bernhard Neher, *Wallenstein*, Szene mit Sternbeobachtung (links) und Kapuzinerpredigt

blik oder Alleinherrschaft. Im Bild links oben hat Gianettino, Neffe und möglicher Nachfolger des greisen Herrschers Andreas Doria, den Tod gefunden, oben rechts daneben wird der junge Fiesco von Verschwörern zum Herzog erklärt. Im Hauptbild, unmittelbar vor Ende des Dramas, bedrängt ihn der Republikaner Verrina, den Mantel als Herrschaftszeichen wieder abzulegen: „Wirf diesen Purpur weg!“ Als Fiesco sich weigert, stürzt Verrina ihn von einer Hafenplanke ins Meer, wo er ertrinkt. Damit ist die Alleinherrschaft wieder abgewendet.

In *Don Karlos* liegt der gleichnamige Held im Streit mit seinem Vater. Er verzweifelt an der Liebe zu Elisabeth, die erst seine Verlobte war, dann jedoch seinen Vater geheiratet hatte. Oben links begegnen sich Karlos und die Königin, oben rechts beklagt Karlos den Tod seines Freundes, Marquis von Posa, dessen Tod er seinem Vater anlastet. Mit den Worten „So sehen wir uns wieder!“ kniet im Hauptbild, der finalen Szene, Karlos ein letztes Mal vor Elisabeth. Er verabschiedet sich von ihr, um den Hof zu verlassen und seinen Vater zu stürzen, der seinerseits unmittelbar darauf den Prinzen überrascht und ihn dem Großinquisitor und damit dem Tod ausliefert.

Tragische Liebe steht auch in der Szene zu *Wallenstein,* einer Dramentrilogie, im Mittelpunkt. In *Wallensteins Tod,* dem Hauptbild, trennt der Feldherr Wallenstein das junge Liebespaar, seine Tochter Thekla und Max Piccolomini, mit einem harschen „Scheidet!“, da er für seine Tochter eine Heirat aus politischen Gründen geplant hat. Darüber links ist der Beginn von *Wallensteins Tod* mit einer Sternbeobachtung zu sehen, rechts die Kapuzinerpredigt aus *Wallensteins Lager* (Abb. 5). Dort prangert ein Kapuziner das undisziplinierte Verhalten der Soldaten ebenso an wie die mangelnden Fähigkeiten ihrer Offiziere und das sündige Verhalten ihres obersten Befehlshabers Wallenstein, mit dessen Tod die Trilogie endet.

Die Braut von Messina behandelt den – wiederum aus Liebe verursachten – Untergang einer Herrscherfamilie. Im Bild oben links wird dem Fürsten von Messina vorhergesagt, dass die noch ungeborene Tochter der Fürstin Isabella die beiden Söhne der Familie in den Tod treiben werde. Eine zweite Weissagung spricht hingegen davon, dass das Mädchen beide in Liebe einen wird. Isabellas Tochter Beatrice wächst daraufhin in einem Kloster von der Familie getrennt auf. Beide Prophezeiungen erfüllen sich, als Jahre später Isabellas streitsüchtige Söhne Don Manuel und Don Cesar ihrer unerkannten Schwester begegnen und sich beide in sie verlieben. Im Hauptbild findet Don Cesar seinen Bruder mit Beatrice vor und ersticht ihn mit dem Ausruf: „Fahre zur Hölle, falsche Schlangenseele!“ Oben rechts kommt das Drama zu seinem Ende: Nachdem Isabella ihrem Sohn Beatrices Identität enthüllt hat, tötet er sich selbst.

Maria Stuart handelt vom Stolz und vom Preis der Macht. Im Hauptbild kann Maria von Schottland ihren Stolz überwinden und unterwirft sich ihrer misstrauischen Verwandten Elisabeth von England, die ihren Thron bedroht sieht. „Doch seid auch Ihr nun edelmütig, Schwester!“, bittet sie Elisabeth, die ihr nur kalt antwortet: „Ihr seid an Eurem Platz, Lady Maria!“ Oben links scheitert ein von Verschwörern verübter Mordanschlag auf Elisabeth. Maria, durch diese zum Tod verurteilt, verabschiedet sich oben rechts von ihren Freunden. Am Ende kann Elisabeth so zwar ihren Thron retten, verliert jedoch alle Freunde.

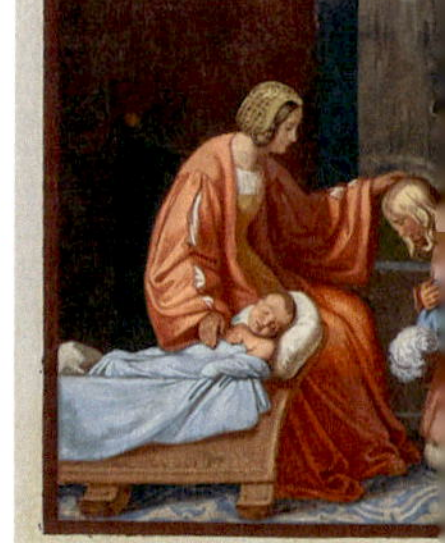

Die Jungfrau von Orleans thematisiert den Kampf um die Einigung einer Nation. Oben links erscheint Johanna von Orleans die Jungfrau Maria und sendet sie zur Befreiung Frankreichs von englischer Herrschaft, oben rechts begegnet Johanna dem schwarzen Ritter, der sie von ihrem Auftrag abbringen will.

Im Hauptbild stirbt sie in der Schlacht, eine Fahne in der Hand mit den Worten: „Hinauf – hinauf – Die Erde flieht zurück – Kurz ist der Schmerz und ewig ist die Freude!“

Im letzten der von Schiller vollendeten Dramen, im *Wilhelm Tell,* stellt der Titelheld die Frage, ob der Mord an einem Tyrannen gerecht sein könne. Oben links rettet Tell Konrad Baumgarten, der den Burgvogt von Unterwalden erschlagen hat, nachdem dieser Baumgartens Ehefrau vergewaltigte. Die berühmte Szene, in der Tell den Apfel vom Kopf seines Sohns schießt, ist oben rechts dargestellt. Das Hauptbild zeigt unmittelbar danach die an den tyrannischen Vogt Gessler gerichtete Drohung Tells: „Mit diesem zweiten Pfeil durchschoss ich – Euch, wenn ich mein liebes Kind getroffen hätte, und Eurer – wahrlich! hätt ich nicht gefehlt.“ Hier brechen die Darstellungen ab und lassen den späteren Tod Gesslers sowie die Selbstrechtfertigung Tells als notwendige Folge ungerechter Unterdrückung erscheinen.

Die Bildfelder über den Türen und den Fenstern wurden ebenfalls für Illustrationen genutzt. Gemälde über Türen, sogenannte Supraporten, hatten eine lange Tradition in Schlössern, die Platzierung über den Fenstern macht die Bilder dagegen im Gegenlicht nur schlecht erkennbar. Den Raum konsequent auszufüllen, wog offenbar schwerer als der Betrachtungskomfort. Veranschaulicht wurden Balladen mit einem mittelalterlichen Umfeld, in Einzelszenen können sie wie ein Comic gelesen werden. Richtung Norden thematisiert *Ritter Toggenburg* die unglückliche Liebe eines Kreuzritters, der nach der Heimkehr seine Geliebte in einem Kloster wiederfindet und nun bis ans Ende seiner Tage

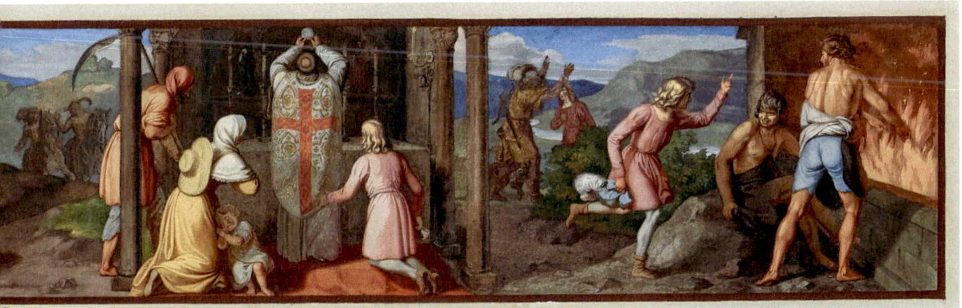

Abb. 6 | Bernhard Neher, *Der Gang nach dem Eisenhammer*

vor dem Kloster liegend wartet, dass sie am Fenster erscheint. Gegenüber erzählt *Der Gang nach dem Eisenhammer* den Tod eines Verleumders, der aus Neid versuchte, Fridolin, dargestellt als blonden Jungen, töten zu lassen, durch eine Verwechslung aber selbst in den Ofen des Eisenhammers gestoßen wir (Abb. 6). *Der Graf von Habsburg* zeigt ein Festmahl des Kaisers Rudolf I., bei dem ein Barde berichtet, wie der Graf von Habsburg einst sein Pferd einem Priester überließ, damit dieser einem Sterbenden beistehen könne. Am Ende gibt sich der Barde als Priester aus der Geschichte zu erkennen und der Kaiser wird den Festgästen als der Graf von Habsburg enthüllt. *Der Kampf mit dem Drachen* erzählt schließlich die Geschichte eines Kreuzritters, der entgegen dem Befehl seines Ordensmeisters einen Drachen tötete, sich jedoch dem Urteil seines Meisters unterwirft, der ihn lehrt, dass Demut wichtiger sei als eigenmächtiges Handeln.

Ein weiteres, langes Gedicht Schillers wurde auf senkrechten, blau unterlegten Bildstreifen über den ganzen Raum verteilt dargestellt: *Das Lied von der Glocke* schildert einerseits in zwei Bildstreifen an der Fensterseite den Glockenguss selbst und in acht Bildstreifen andererseits die im Gedicht eingeschobenen Szenen des menschlichen Werdegangs. Wie in einem Bilderbuch folgen einzelne Illustrationen aufeinander, wobei die Leserichtung wechselt, mal von unten nach oben, ein anderes Mal von oben nach unten. Die Verteilung ist damit eher dekorativ und wie bei den Gemälden über den Fenstern sind manche Teile ungünstig angebracht gegen das Licht oder an den Schmalseiten neben dem Kamin, wo die einzelnen Szenen mühsam zu erkennen sind (Abb. 7).

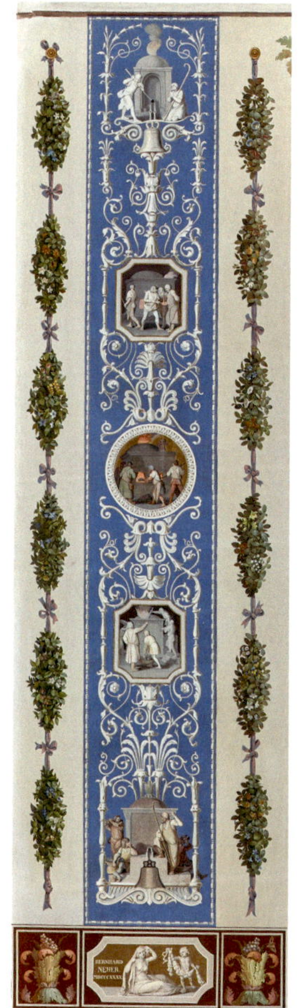

Abb. 7 | Bernhard Neher, *Das Lied von der Glocke*, Anfang mit Signatur des Künstlers unten

Das Bildprogramm fällt insgesamt sehr vielseitig und kleinteilig, kontrastreich und bunt aus. Die Farbwahl traf nicht bei jedem Zeitgenossen auf Zustimmung, half allerdings bei der Lesart der Szenen, ähnlich wie in einem modernen Zeichentrick. Die Auswahl der Themen verdeutlicht, wie sich der Kanon innerhalb der letzten zwei Jahrhunderte verändert hat. Es wurden ausschließlich Geschichtsdramen sowie aus der Frühzeit von Schillers Schaffen *Die Verschwörung des Fiesco* ausgewählt, nicht jedoch die heute bekannteren *Räuber* oder *Kabale und Liebe*. Die anderen dargestellten Dramen sind noch immer Schulstoff oder regelmäßig auf Theaterbühnen zu sehen.

Ausgerechnet Gedichte mit antikem Hintergrund wie *Die Kraniche des Ibykus* oder *Die Bürgschaft* erscheinen nicht. Schiller wird hier vor allem in seiner Orientierung auf das Mittelalter und der Behandlung historische Stoffe – in Jena war er Professor für Geschichte – präsentiert. *Das Lied von der Glocke* so ausführlich darzustellen, war im Jahr 1837 noch nicht selbstverständlich: Das Gedicht gewann erst im Verlauf des 19. Jahrhunderts an Popularität, bis es zu Beginn des 20. Jahrhunderts schließlich Pflichtlektüre wurde. Redewendungen daraus, wie „Wehe, wenn sie losgelassen“, „Da werden Weiber zu Hyänen“, „Nun prüfe, wer sich ewig bindet“ und vieles mehr, verankerten sich erst dann im deutschen Wortschatz. Eher umgekehrt waren es besonders Illustrationen wie im Schillerzimmer, die als gedruckte Zyklen erschienen oder auch als Postkarten und die Popularität des Gedichts förderten. SD

GOETHEGALERIE

Die Goethegalerie erhielt ihren Namen durch die langgestreckte Ausdehnung (Abb. 1). Sie ist das größte der vier Dichterzimmer mit den meisten illustrierten Werken. Das hatte einerseits mit der langen Lebensspanne Goethes und der Vielzahl an hinterlassenen Texten zu tun, andererseits war Goethe in den 1830er Jahren auch der mit Abstand prominenteste der vier Dichter. Dass er den größten der vier Räume zugewiesen bekam, entsprach also einer zeitgenössischen Erwartung und schrieb gleichzeitig eine Hierarchie fort.

In ihrer Gestaltung war die Galerie durch die Entwürfe Schinkels außerdem stark vorgegeben. Obwohl sie als erster der vier Räume geplant wurde, bekam sie ihre Ausmalung erst nach dem Schillerzimmer. Da sich Bernhard Neher dort als Künstler bewiesen hatte, erhielt er 1839 auch den Auftrag für die Goethegalerie und malte sie wie schon das Schillerzimmer zusammen mit Assistenten aus.

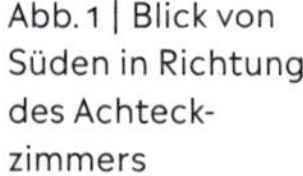

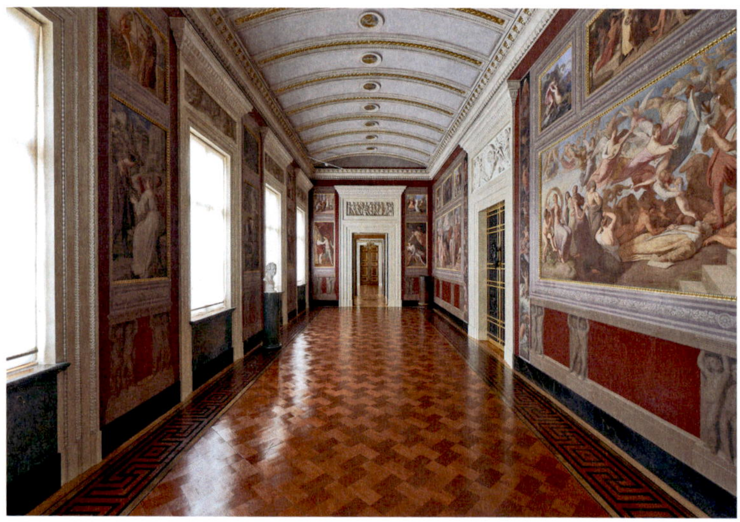

Abb. 1 | Blick von Süden in Richtung des Achteckzimmers

Sein Stil veränderte sich nun leicht und er reagierte damit auch auf die anderen Vorgaben des Raums. Das Schema ist zwar wiederum die Wandaufteilung in ein rechteckiges Raster von Bildfeldern, es gibt jedoch keine Lambris, so dass die Wand bis zum Boden bemalt werden konnte. Die Bildfelder setzen daher etwas tiefer an und auf einer Sockelzone sieht man Putti, die die großen Bildfelder zu tragen scheinen (Abb. 2). Die Putti, antikisierende Engelsfiguren, sind ein Zitat nach Michelangelo und dessen weltberühmter Ausmalung der Sixtinischen Kapelle. Die Wände der Goethegalerie wirken außerdem kompakter als im Schillerzimmer: Um die großen Illustrationen läuft ein türkis-weißes Ornamentband, das schmaler und weniger kontraststark als die Ranken im Schillerzimmer ausfällt und so optisch zurücktritt. Außerdem braucht es keine Zusammenfassung mehrerer Bildfelder zu einem Drama, sondern jedes Bild illustriert jeweils ein Werk. Ebenso wie im Schillerzimmer liegt das Hauptaugenmerk auf den Dramen, die auf großen Bildfeldern umlaufen. Darüber, in der Frieszone, sind einzelne Gedichte bebildert, zusätzlich finden sich Gedichtillustrationen in Form von schmalen Bändern.

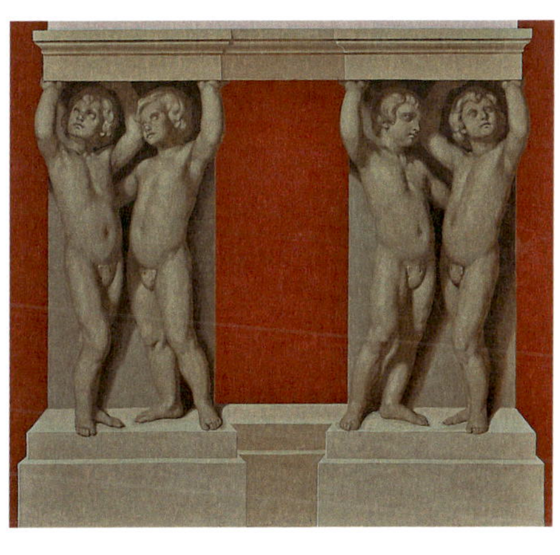

Abb. 2 | Sixt Armin Thon, Putti als Bildträger an der Westwand

Ein augenfälliges Zentrum wie im Schillerzimmer gibt es nicht, der Blick kann frei entlang des langen Raums schweifen. Das erzeugt ein Gefühl von Großzügigkeit, das den anderen Räumen fehlt. Die Goethebüste auf einem Podest in der Mitte der Westwand ist eine spätere Ergänzung, die so nicht vorgesehen war. Das Porträt Goethes sollte in der Mitte der Ostwand platziert werden, über der Tür zum Conseilsaal. Die Weimarer Medailleurin Angelica Facius gestaltete hierzu ein Relief nach einem Entwurf von Bernhard Neher, Goethes Porträt im Profil eingefasst von einem Lorbeerkranz und umgeben von antikisierenden Figuren (Abb. 3). Zusammen mit den antiken Sarkophagreliefs über den Türen zum Achteckzimmer und zum Wielandzimmer war

Sarkophagrelief: Orest und Pylades treffen Iphigenie

Iphigenie auf Tauris: Orest als Opfer

Egmont: Egmont und Wilhelm

Iphigenie auf Tauris: Iphigenie trennt Orest und Thoas

Egmont: Egmont träumt im Gefängnis

Gesang der Geister über den Wassern

NORDWAND

Der Zauberlehrling

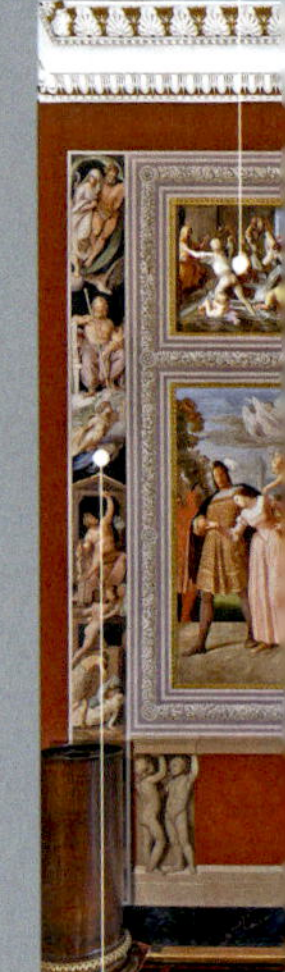

Prome-theus

Sarkophagrelief: Orest und Pylades fliehen

Iphigenie auf Tauris: Befreiung Orests

Götz von Berlichingen: Götz verabschiedet sich

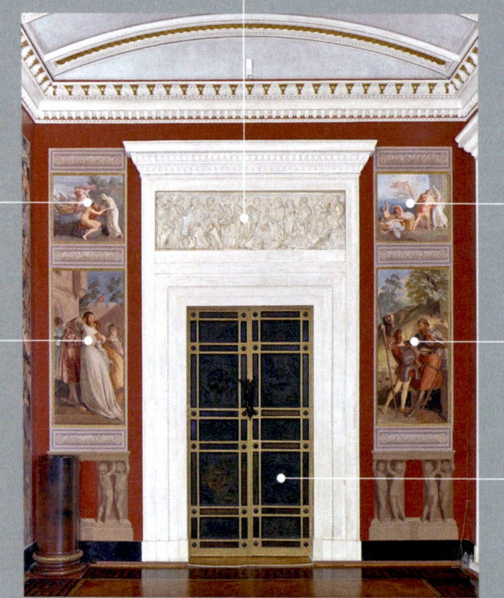

Iphigenie auf Tauris: Der Fluch fällt von Orest

Götz von Berlichingen: Götz und Georg

Amor als Landschaftsmaler

SÜDWAND

Prometheus: Schöpfung des Menschen

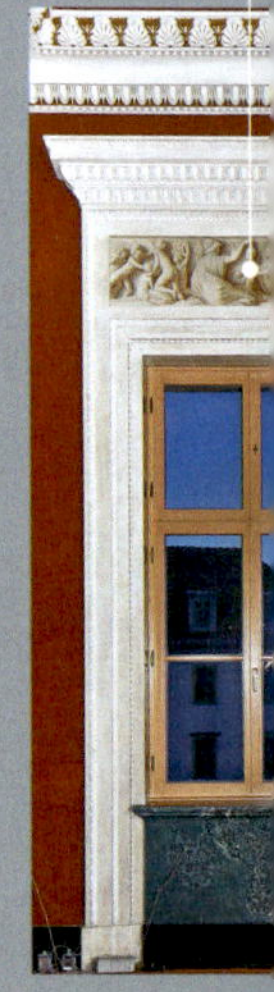

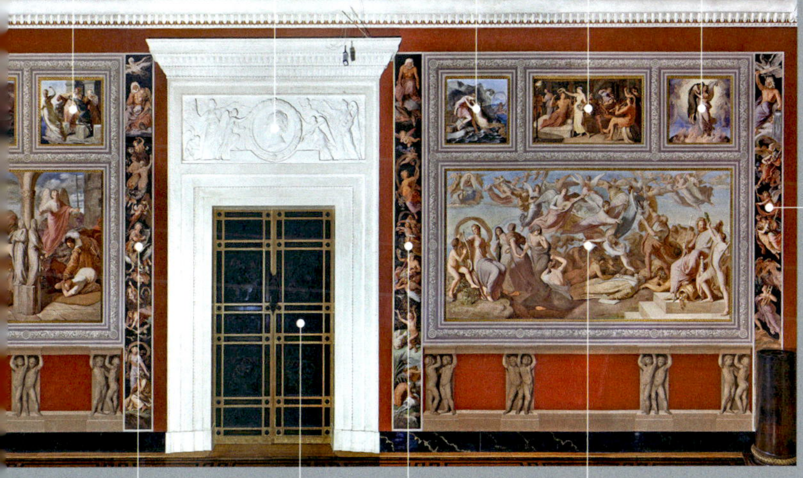

OSTWAND

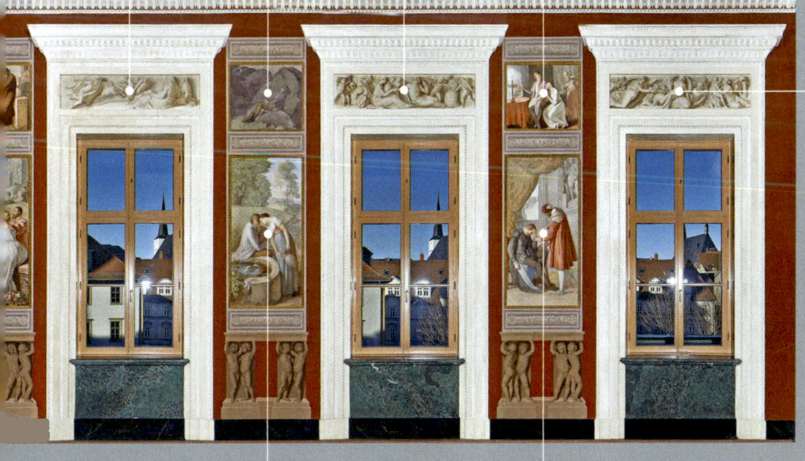

WESTWAND

Abb. 3 | Angelica Facius, Relief mit Goethes Porträt

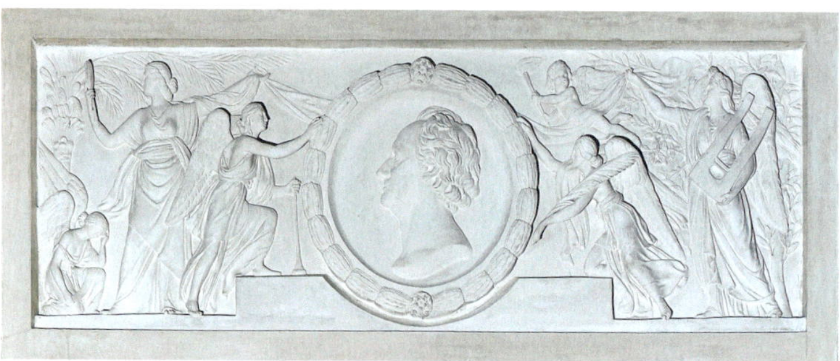

der Raum somit einheitlich und nach Schinkels Entwurf gestaltet. Aber was auf dem Papier schlüssig wirkte, genügte in der Realität den Anforderungen nicht. Das Relief war nur aus großer Distanz zu sehen, während alle anderen Räume eine Büste des jeweiligen Dichters in Augenhöhe boten. Nachträglich stellte man dann 1850 die Marmorbüste Goethes von Christian Daniel Rauch hier auf. Das Podest wurde in der gleichen Form und Farbe wie die Öfen in den Raumecken in Form einer halben Säule gestaltet, um es ästhetisch anzupassen. Rauchs Büste ist ein künstlerisch gelungenes Werk, das allerdings in dem großen Raum etwas verloren wirkt und das Gemälde dahinter teilweise überschneidet. Zumindest ist Goethe so als einziger der vier Dichter gleich zweimal im Porträt anwesend.

Die beiden umfangreichsten Darstellungen in der Goethegalerie sind mit *Faust I* links und *Faust II* rechts einem der noch heute berühmtesten Dramen Goethes gewidmet. Hier konnte

Abb. 4 | Bernhard Neher, *Faust I*

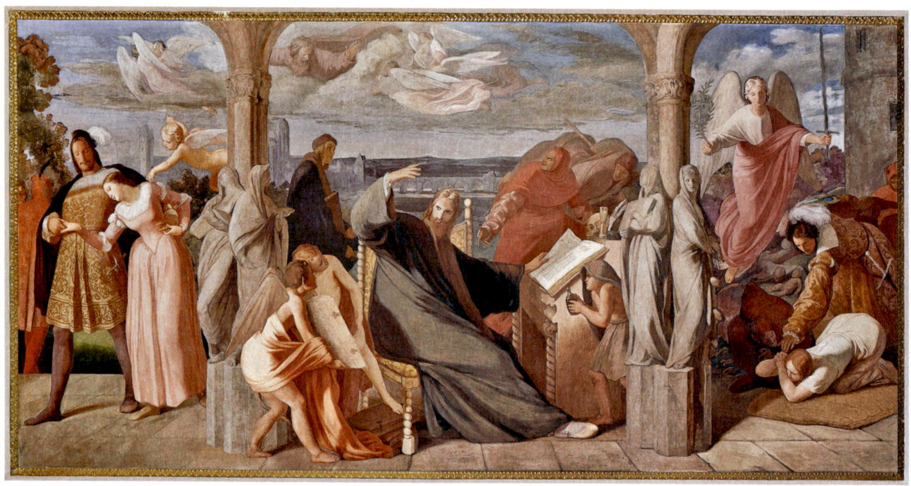

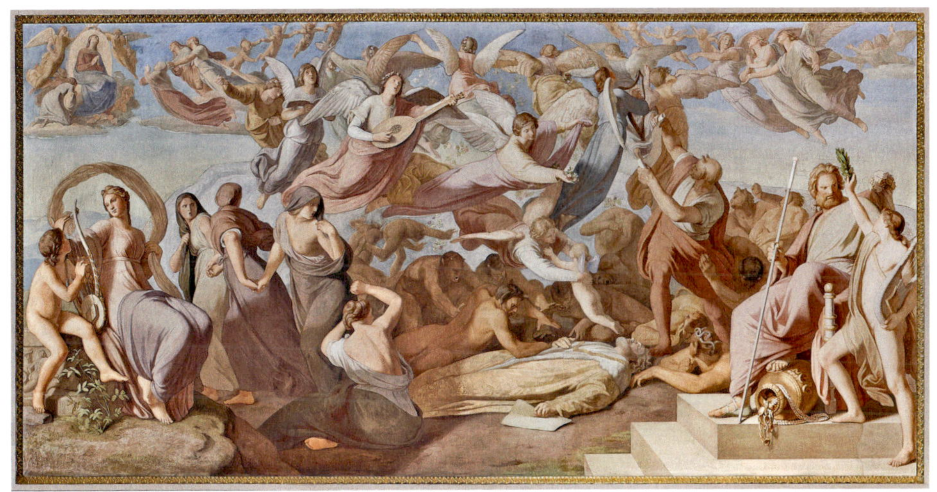

Abb. 5 | Bernhard Neher, *Faust II*

Neher fast lebensgroße Figuren auf sehr breiten Formaten agieren lassen. Von dem Prinzip, kleine Figurengruppen für die Erzählung eines wichtigen Moments zusammenzustellen wie im Schillerzimmer, wich er trotzdem nicht ab (Abb. 4). Daher sind die breiten Szenen unterteilt: In *Faust I* nutzt Neher dazu eine gotische Architektur, die das Drama zeitlich zwischen Spätmittelalter und früher Renaissance verortet und das Bild in drei Zonen teilt. In der Mitte sitzt Faust studierend, Mephisto ist rechts im Hintergrund zu sehen, hinten links Wagner. Gottvater schaut aus den Wolken auf die Szene und zu Mephisto herab. In der linken Szene begegnen sich ein verjüngter, elegant gekleideter Faust und Gretchen zum ersten Mal und er trägt ihr seinen Arm an. Am rechten Bildrand sitzt Gretchen im Gefängnis, Mephisto flüstert ihr zu, Faust versucht, sie mit sich zu reißen, während sie um Vergebung fleht. Ein Engel mit Siegespalme und Schwert über ihr soll verdeutlichen, dass sie gerettet, nicht gerichtet ist. Das Bild rechts neben der Tür konzentriert sich dagegen auf das Ende von *Faust II:* Faust liegt hier tot am Boden, seine Seele in Form eines geflügelten Knaben steigt auf und wird von einem Engel ergriffen (Abb. 5). Mephisto, durch zwei Hörner erkennbar, hat die Wette um Fausts Seele verloren und wendet sich vergeblich mit dem entrollten Vertrag gegen die Engel, die Fausts Seele emportragen, wo im Hintergrund die Muttergottes thront mit dem büßenden Gretchen zu ihren Füßen. Eingerahmt wird die Szene links und rechts von Figuren, die nicht Teil des Dramenendes sind: Links sind es die sich an den Händen haltenden Furien und am Bildrand Helena mit halbrund wehendem Schleier sowie der Knabe Euphorion mit einer Leier, rechts thront der Gott des Reichtums, Plutus, den Fuß auf ein vor Schätzen überquellendes Gefäß gesetzt, neben sich einen Jungen mit einer Leier, der seinen Wagen lenkt. Der Knabe beschreibt sich im ersten Akt als Poet, der „dem Plutus gleich" Reichtum in Form von Poesie verteilt und „sich vollendet, wenn er sein eigenst Gut verschwendet". Euphorion ist im dritten Akt der Sohn von Helena und Faust und agiert als Personifikation der Poesie und dichterischen Schönheit. Beide Gruppen klammern also die Szene mit ähnlichen Inhalten und verweisen so wiederum auf die Dichterrolle Goethes.

Die kleinen Bilder darüber zeigen in jeweils einer Szene ein Gedicht. Neher musste dafür quadratische und querrechteckige Bildformate ausfüllen. Links oben ist der *Zauberlehrling* zu sehen: Während die zum Leben erweckten Besen den Raum mit Wasser überschütten, eilt der Lehrling als Rückenfigur zu dem gerade links eingetretenen Meister. Wie in einem Theaterstück tragen die verzauberten Besen Mützen mit Reisig, um ihre Rolle anzuzeigen. Rechts daneben folgt der Erlkönig, wo der Vater vergeblich versucht, seinen Sohn vor dem über ihm schwebenden

Abb. 6 | Bernhard Neher, *Der Erlkönig*

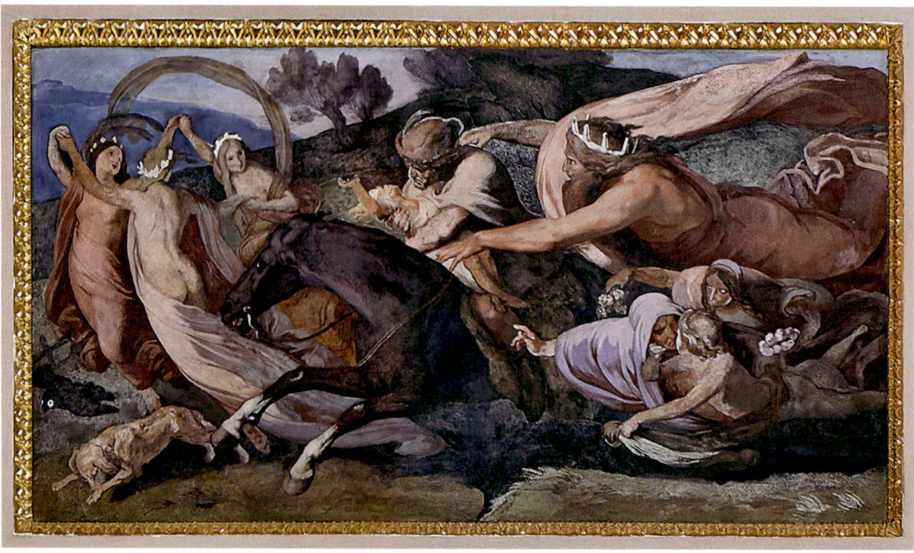

Geist zu retten (Abb. 6). Im Gegensatz zu dem angespannten Vater ist der Erlkönig mit einer so leichten, unangestrengten Geste komponiert, dass deutlich wird, dass er sein Opfer mühelos erreichen kann. Im *König in Thule* ist der dramatische Höhepunkt dargestellt, in dem der König seinen Becher ins Meer hinabwirft, um danach sterbend zusammenzusinken. Die schwebende Gestalt links ist seine Geliebte, die „Buhle", die ihm anfangs im Moment ihres Todes den Becher reichte, den er nun aufgibt, um ihr in den Tod zu folgen. Rechts neben dem Goetherelief folgt die Ballade vom *Fischer,* der seinen Tod im Wasser findet. „Halb zog sie ihn, halb sank er hin": Sein linkes Bein befindet sich bereits im Wasser, eine Nixe mit Fischschwanz fasst ihn an den Schultern und zieht ihn hinab. Der Hintergrund ist zwar mit weiteren Meeresgottheiten belebt, inhaltlich sind diese aber überflüssig. Hier zeigt sich ein Problem des quadratischen Bildformats, das auch bei wenig Akteuren gefüllt werden musste. *Der neue Pausias und sein Blumenmädchen* nimmt die Überlieferung einer antiken Erzählung um den Blumenmaler Pausias auf, der ein Mädchen, das Blumenkränze flicht, meisterhaft porträtiert haben soll. Das Gedicht veranschaulicht den Dialog eines Dichters, der sich die Talente des Pausias wünscht, mit einem Blumenmädchen; das Gemälde wählt dazu ein antikes Gastmahl als Szene. Der Dichter ruht auf einer Kline, einer Liege, vor ihm steht das Mädchen und rechts ein Musikant mit einer antiken Doppelflöte in der Hand. Für das die Wand abschließende Gedicht, *Der Gott und die Bajadere,* sind wiederum nur zwei Personen für die Erzählung notwendig. Das quadratische Format lässt den Raum um den Gott, der die sich aus Liebe aufopfernde Bajadere erlöst und zu sich emporhebt, deshalb recht leer erscheinen.

Schließlich rahmen noch vier schmale Bänder mit Illustrationen die beiden großen Faust-Szenen: Sie zeigen *Prometheus* und *Meine Göttin, Ganymed* und *Wandrers Sturmlied* (Abb. 7). Anders als im Schillerzimmer, wo Bildszenen in Ornamente eingeflochten sind, gehen hier von unten nach oben Figuren in einem Bildraum ineinander über, eine Vorgabe, die Schinkel in seinem Entwurf machte und der Neher zu folgen hatte. Das unterstützt den großzügigen und offenen Charakter des Raums und verhindert,

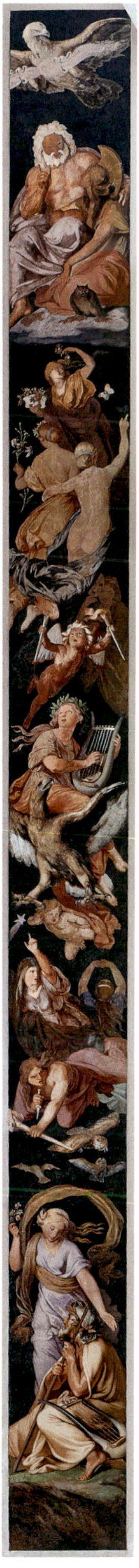

Abb. 7 | Bernhard Neher, *Meine Göttin*

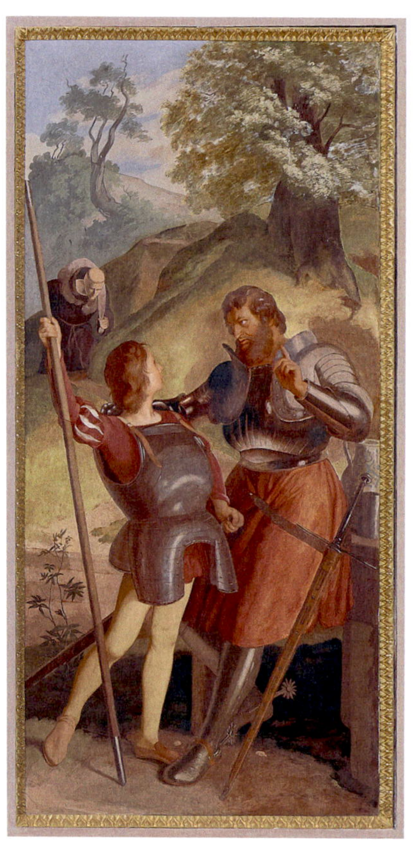

Abb. 8 | Bernhard Neher, *Götz von Berlichingen*

dass die Wand kleinteilig wirkt. Die übrigen Wände zeigen Szenen aus weiteren Dramen und Erzählungen in großen hochrechteckigen Bildern sowie wieder in kleineren quadratischen Bildfeldern darüber. Die Türen zum Wieland- und Schillerzimmer sind von jeweils zwei Bildern flankiert, die je ein Drama darstellen. Die quadratischen Bilder widmen sich der *Iphigenie,* passend zu den antiken Sarkophagreliefs über den Türen. Neben der Tür nach Süden zum Wielandzimmer sind unten zwei Szenen aus dem *Götz von Berlichingen* dargestellt: Links verabschiedet sich Götz von seiner Schwester Marie und ihrem Ehemann Franz von Sickingen; rechts hat der Knappe Georg, ungeduldig, für Götz zu kämpfen, die ihm zu große Rüstung angelegt und wird von Götz nachsichtig gelobt (Abb. 8). Die Tür zum Schillerzimmer werden von zwei Szenen aus *Egmont* flankiert. In der linken Szene versucht Wilhelm von Oranien den Grafen vergeblich zu überzeugen, vor dem drohenden Tod nach Oranien zu fliehen und von dort aus gemeinsam mit ihm gegen die Spanier zu kämpfen. Rechts träumt der zum Tode verurteilte Egmont davon, dass ihm die Personifikation der Freiheit in Gestalt von Clärchen, seiner Geliebten, ein Bündel Pfeile als Zeichen der Einigkeit sowie einen Hut, eine phrygische Mütze, als Zeichen der Freiheit überreicht, und ihm weissagt, dass sein Tod seiner Heimat die Freiheit bringt.

Die Szenen zur *Iphigenie auf Tauris* zwingen dazu, sich mehrfach durch den Raum zu bewegen. Sie sind wortwörtlich um den antiken Stoff herum angeordnet, den die antiken Sarkophagreliefs darstellen und den Goethe in seinem Drama verarbeitete. (Abb. 9). Die Reliefs erzählen in sich geschlossen vier Szenen aus der *Iphigenie bei den Taurern* von Euripides. Über der Tür in Richtung Schillerzimmer treffen links Orest und Pylades unerkannt auf Iphigenie, rechts sollen die beiden geopfert werden, im Relief beim Wielandzimmer verabreden sie die Flucht und ziehen zum Schein in einer Prozession zum Strand, um dann von dort aus mit einem Schiff, ganz rechts am Rand des Reliefs, zu fliehen. Goethes Drama führt dagegen mit seinem erzieherischen Ansatz zu einem versöhnlichen Ende, indem Ehrlichkeit statt Täuschung auf Nachsichtigkeit trifft und so belohnt wird. Die erste Szene von Goethes *Iphigenie* beginnt links über der Tür zum Schillerzimmer mit der drohenden Opferung von Orest im Dianaheiligtum, auf der gegenüberliegenden Wand links über der Tür zum Wielandzimmer löst Iphigenie die Fesseln Orests und wehrt die ihn verfolgenden Furien ab. Rechts daneben erwacht Orest aus seiner Vision, sich in der Unterwelt zu befinden, und die Furien weichen von ihm. Schließlich, in der Szene rechts über der Tür zum Schillerzimmer, trennt Iphigenie die streitenden Orest und Thoas voneinander.

Die Fensterwand zeigt in der Mitte eine einzelne Erzählung, *Hermann und Dorothea,* sowie links und rechts an den Wandecken Szenen zum *Torquato Tasso.* Links überreicht Tasso Herzog Alfons sein Buch *Das befreite Jerusalem,* in der Mitte sind Hermann und Dorothea am Brunnen zu sehen und rechts versucht Staatsekretär Antonio, Tasso zum Bleiben am Hof in Ferrara zu bewegen. Die quadratischen Szenen über den Bildern zu *Tasso* beziehen sich auf *Wilhelm Meisters Lehrjahre,* links das knabenhafte Mädchen Mignon und der greise Harfner, rechts Wilhelm und Marianne vor dem Puppentheater. Das Bild in der Mitte zeigt, wie sich in den *Leiden des jungen Werthers* die Titel-

Abb. 9 | Sarkophagrelief mit Motiven aus Euripides' Tragödie *Iphigenie bei den Taurern,* 2. Jh. n. Chr.

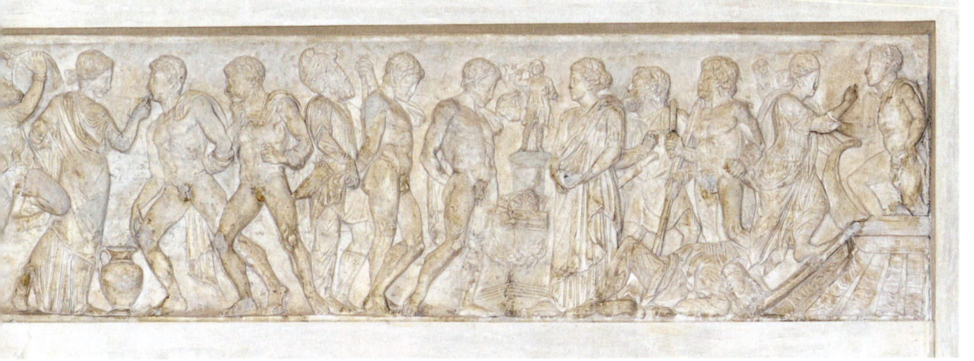

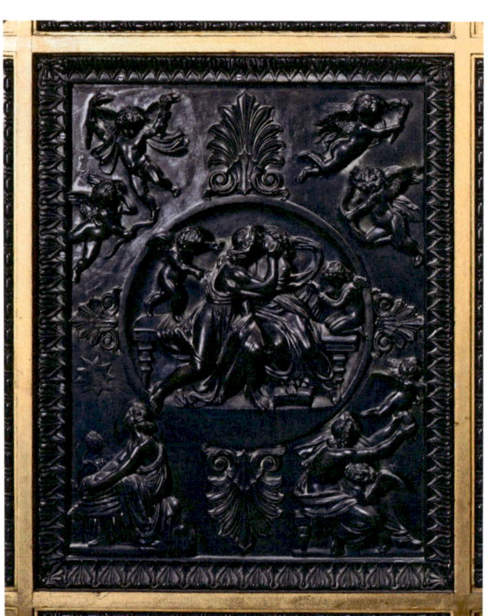

Abb. 10 | Angelica Facius, Bildschmuck der Tür zum Conseilsaal

figur aus der Stadt in die Natur flüchtet und dort Entspannung findet. Zwischen den Erzählungen in den quadratischen Bildfeldern sind über den Fenstern gemalte Reliefs eingefügt. Außerdem sind die Fenster ebenso wie die Türen mit weißen, steinern wirkenden Flächen gerahmt und einer hervortretenden Zierleiste bekrönt. Die Reliefs beziehen sich auf *Prometheus* und *Pandora,* beides Fragment gebliebene Dramen, die sich wie *Iphigenie auf Tauris* auf antike Stoffe beziehen. Die aus tatsächlichem Stein bestehenden Reliefs, die gemalten Reliefs sowie die Türen- und Fenstergestaltung sind so inhaltlich aufeinander abgestimmt.
Neben den Wänden sind in der Goethegalerie auch die Türflügel und die Decke gestaltet. Das unterscheidet sie deutlich vom Schillerzimmer. Die in rechteckige Felder eingeteilten Türflügel sind aufwendig mit Metallreliefs besetzt und haben in der italienischen Renaissance berühmte Vorbilder. Angelica Facius führte die Reliefs nach den Zeichnungen von Bernhard Neher aus. Ihr gelangen anspruchsvolle plastische Kunstwerke, die das Erscheinungsbild der Goethegalerie abrunden (Abb. 10). Es sind jeweils vier große Bildfelder gestaltet, zwischen denen sich kleine flache Rechtecke mit Ornamenten befinden. Der Türgriff hat die Form einer hervorstehenden Figur – wenig praktisch, dafür konsequent durchgestaltet, eine Eigenschaft, die auch etliche Möbelentwürfe von Schinkel kennzeichnet. Die umgesetzten Themen folgen ebenfalls Schinkels Vorgabe: In der Tür zum Conseilsaal wird Goethes Gedicht *Urworte. Orphisch* bebildert, Richtung Schillerzimmer der *Gesang der Geister über den Wassern,* Richtung Wielandzimmer *Amor als Landschaftsmaler.*

Die Decke ist halbrund gewölbt und soll nach den Vorstellungen Schinkels an ein „Velarium“ erinnern, ein vom Wind aufgeblähtes Sonnensegel. Eingelassen sind zehn Tondi, runde Bild-

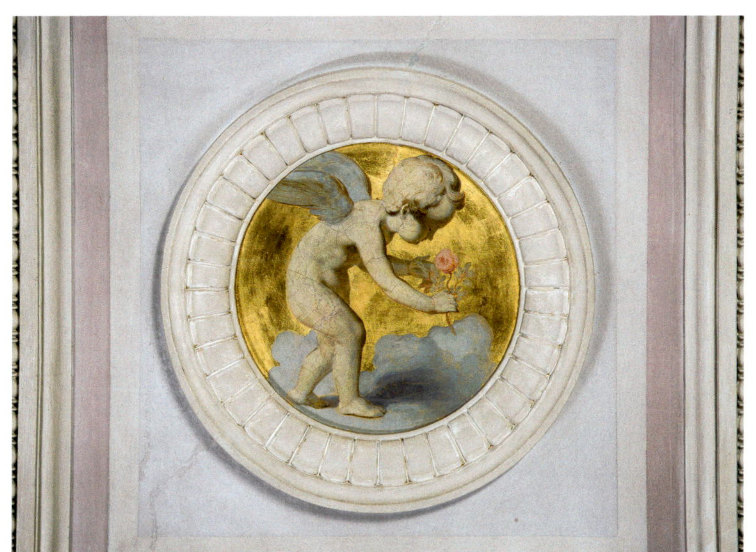

Abb. 11 | Bernhard Neher, Deckenmedaillon mit Genius für die Pflanzenmetamorphose

felder, in denen jeweils ein Putto mit einem symbolischen Gegenstand eines von zahlreichen Betätigungsfeldern versinnbildlicht. Von Norden nach Süden, das heißt vom Schillerzimmer Richtung Wielandzimmer, stehen: ein Putto mit Hammer für die Mineralogie, einer mit einem Schwert für die tragische Dichtung, einer mit einem Schädel für die Osteologie, die Erforschung der Knochen, ein weiterer Putto mit Glaskugel und Regenbogen für die Farbenlehre, einer mit dem Kopf des Gottes Jupiter für die Erforschung der Antike (Abb. 11). In der Deckenmitte verweisen ein Putto auf die lyrische Dichtung, einer, der Blumen pflückt, auf Goethes Arbeit zur Metamorphose der Pflanzen, ein zeichnender Putto auf die bildende Kunst, ein Putto vor einem gotischen Kirchturm auf Goethes Begeisterung für die mittelalterliche Baukunst, ein Putto mit Maske auf die für den Weimarer Hof entstandenen Maskenzüge und schließlich ein Putto mit einem Fernglas auf die Meteorologie. Die Reihe würdigt Goethe als universellen Menschen und lässt so die Goethegalerie zu einem umfassenden Denkmal für ihn werden.

SD

WIELANDZIMMER

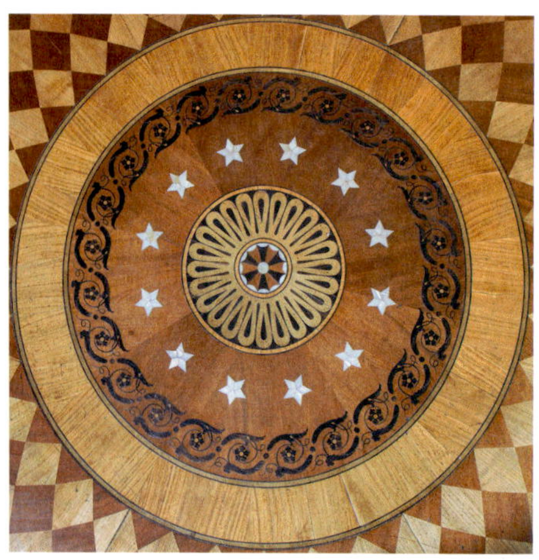

Abb. 1 | Fußboden mit Perlmuttintarsien

Das Wielandzimmer ist das kleinste der Dichterzimmer und zugleich besonders feinsinnig gestaltet. Beim Eintreten fällt die aufwendig gestaltete Tür nach Osten auf, die einen Durchgang, wenn auch nur durch einen Türflügel erlaubte. Im 19. Jahrhundert wurde er vermutlich genutzt, heute dient die Tür einem rein dekorativen Zweck. Bemerkenswert ist der im Gegensatz zu den anderen Zimmern besonders reich ausgeschmückte Fußboden in diesem Raum (Abb. 1). Das Parkett zeigt ein in einen Kreis gezeichnetes Sternmuster, in das silbrig schimmerndes Perlmutt eingelassen ist, was die Oberfläche besonders kostbar, aber zugleich empfindlich macht. Der Kreis am Boden korrespondiert mit der Deckenkuppel, die den Raum bekrönt und mittels eines runden Oberlichts zusätzlich beleuchtet.

Abermals hat die Wandmalerei pompejanische Vorbilder: Über einer dunklen Sockelzone erheben sich tiefrot bemalte Wandflächen, in die Gemälde zu Werken Wielands eingelassen sind. Mit Figuren reich gestaltete Bildstreifen verlaufen über dem Sockel, unter der Decke und entlang der Raumecken. Sie gliedern den Raum, der so wie ein Pavillon oder eine kleine Kapelle wirkt. Die Gemälde füllen anders als im Schillerzimmer und in der Goethegalerie die Wände nicht großflächig aus, sondern sind deutlich kleiner und von roten Flächen umgeben. Auch die von unten nach oben verlaufenden Bildstreifen mit Arabesken, eine mit Grotesken verwandte Ornamentform, lassen ringsum noch rote Wandfläche offen. Das zwingt dazu, die Gemälde aus der Nähe zu betrachten, um ihren Inhalt zu entziffern. Zugleich jedoch strukturiert es den Raum und lässt ihn trotz seiner reichen Gestaltung nicht überladen wirken.

Außerdem war damit an der Hauptwand Richtung Süden ausreichend Platz, um eine Büste aufzustellen, ohne die Sicht auf das Gemälde darüber zu stören. Die Büste ist wie im Schillerzimmer eine Kopie von Theodor Wagner. Das Original hatte Johann Gottfried Schadow 1802 geschaffen. Es zeigt Wieland mit fast siebzig Jahren, milde lächelnd und mit seinem Hauskäppchen auf dem Kopf, mit dem er im Alter auch auf anderen gemalten Porträts oder auf Medaillen abgebildet wurde, was ihn leicht wiedererkennbar macht. Das nüchterne Weiß der Büste im Wielandzimmer wird von der reichen roten und goldenen Umgebung des Raums gerahmt und bettet sein Porträt so gut ein.

Die Gemälde zeigen Szenen aus *Oberon,* in dem Wieland märchenhafte Elemente mit mittelalterlichen Motiven verband und sich außerdem von Shakespeares *Sommernachtstraum* inspirieren ließ. In dem Versepos hilft Elfenkönig Oberon, zerstritten mit seiner Gattin Titania, dem am Hof Karls des Großen in Ungnade gefallenen Helden Hüon von Bordeaux bei einem Abenteuer. In dessen Verlauf gewinnt Hüon die Liebe von Rezia, Tochter des Kalifen von Bagdad. Erst, wenn sich Hüon und Rezia als vorbildliches und treues Liebespaar erwiesen haben, will sich Oberon wieder mit Titania versöhnen. Ein Erzähler eröffnet das Epos mit dem Ausruf: „Noch einmal sattelt mir den Hippogryphen, ihr Musen, Zum Ritt ins alte romantische Land!“ Hippogryphen, die auch auf mittelalterlichen Wappen erscheinen, sind dreifache Mischwesen, die den Unterleib eines Pferdes mit dem Oberkörper eines Greifs, halb Adler, halb Löwe, kombinieren. Passend dazu läuft über den Gemälden, unterhalb der Kuppel, ein Ornament-

Abb. 2 | Detail aus dem umlaufenden Hippogryphenfries

Bogenlaibung: *Musarion*

Die Grazien: Grazien und Amor vor Phyllis und Daphnis

Pendentif: Die Ironie

Oberon: Ankunft im Frankenreich

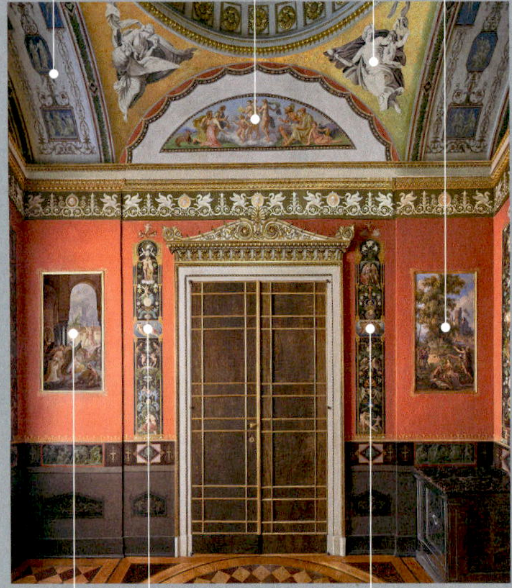

Oberon: Hüon und Amanda auf dem Scheiterhaufen

NORDWAND

Arabeske: Die Wiedervereinigung Titanias und Oberons

Arabeske: Das Fest in Oberons Palast

Die Grazien: Grazien finden Amor

Pendentif: Das Zauberhafte

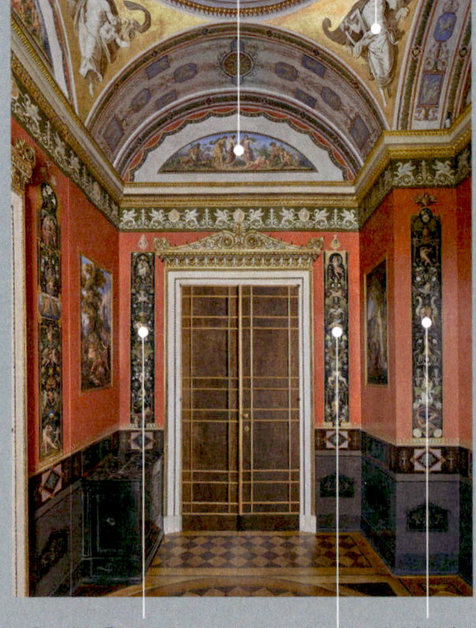

Arabeske: Das Märchen des Scherasmin

OSTWAND

Arabeske: Der Schwur des Oberon

Arabeske: Der Sündenfall

Bogenlaibung: *Agathon*

Die Grazien: Grazien tragen Amor im Korb

Pendentif: Die Schönheit

Oberon: Hüon empfängt das Horn

SÜDWAND

Oberon: Ankunft in Askalon

Büste Wielands

Märchenfries

Oberon: Hüon wird gefesselt

Bogenlaibung: Szenen ohne Textbezug

Die Grazien: Phyllis und Daphnis

Pendentif: Die Philosophie

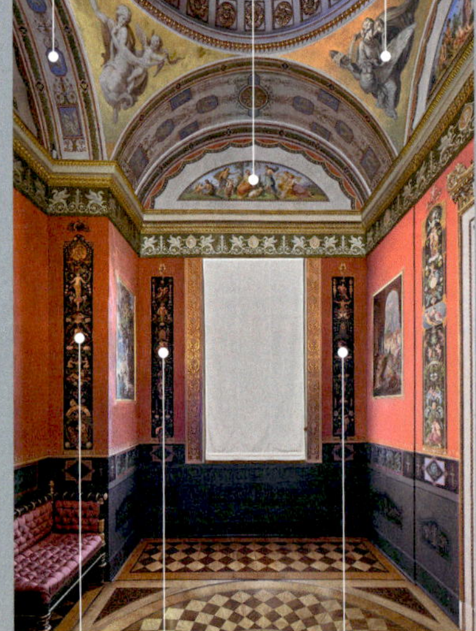

Arabeske: Geburt des Hüonett

WESTWAND

Arabeske: Die Prüfung Hüons

Arabeske: Die Prüfung Rezias

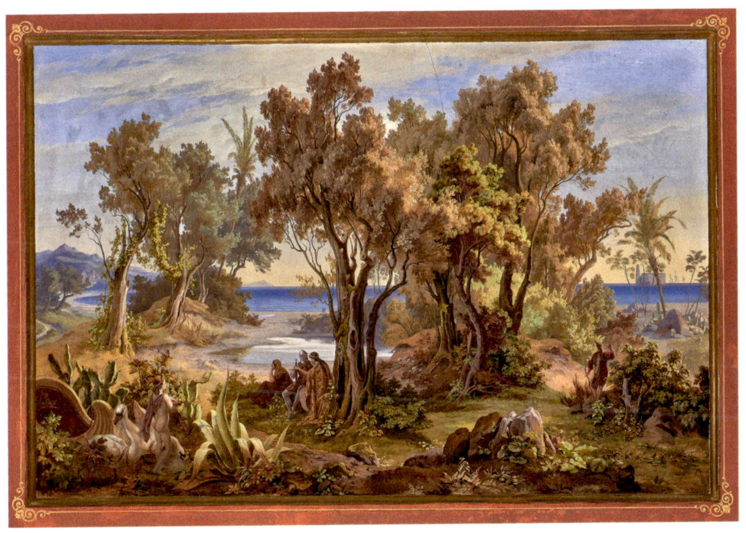

Abb. 3 | Friedrich Preller d. Ä., *Oberon*, Ankunft von Hüon und Rezia in Askalon

band um mit Greifen, deren Unterkörper in das Rankenornament übergeht (Abb. 2).

Auf dem ersten Hauptgemälde überreicht Oberon, dargestellt als nackter Knabe, Hüon ein Horn mit Zauberkräften für seine künftigen Abenteuer. Diese Geschehnisse auf der Reise nach Bagdad werden übersprungen und als nächstes zeigt das große Bild über der Büste als Hauptmotiv die Ankunft von Hüon und Rezia im Hafen von Askalon (Abb. 3). Auf dem Schiff zurück nach Europa bekehrt Huön seine Geliebte zum Christentum und sie nimmt den christlichen Namen Amanda an. Das Gebot Oberons zur Enthaltsamkeit - „laßt euch nicht gelüsten" - übertreten die beiden jedoch. Der Elfenkönig bestraft sie mit einem Sturm, sie stürzen ins Meer und können sich ans Ufer einer einsamen Insel retten. Amanda bringt hier einen Sohn zur Welt. Titania nimmt das Kind zu sich, um es vor drohendem Unheil zu schützen, da Amanda nun von Seeräubern gefangen und Hüon an einen Baum gebunden seinem Schicksal überlassen wird, wie auf dem nächsten Gemälde dargestellt ist. Oberon zeigt sich allerdings nachsichtig und versetzt Hüon nach Tunis, wo er wieder auf Amanda, nun Sklavin des Sultans, trifft. Hüon widersteht den Verführungskünsten der Geliebten des Sultans, die ihn verleumdet. Zusammen mit Amanda, die sich zu ihrem Gatten bekennt und an seine Enthaltsamkeit glaubt, soll er auf dem Scheiterhaufen verbrannt werden, wie auf dem vierten Gemälde zu sehen ist (Abb. 4). In der höchsten Gefahr haben beide damit die Prüfung der Treue bestanden, mit dem Schwanenwagen Oberons fliegen sie davon. Sie treffen auf die nun versöhnten Oberon und Titania und gelangen schließlich zurück nach Paris an den Hof Karls des Großen. Dort gewinnt Hüon ein Turnier und Karl vergibt ihm. Die Rückkehr ins Frankenreich ist auf dem letzten Gemälde festgehalten, Amanda am unteren Bildrand mit ihrem Sohn sitzend, Paris und der Hof Karls des Großen erscheinen als Burgkulisse im Hintergrund.

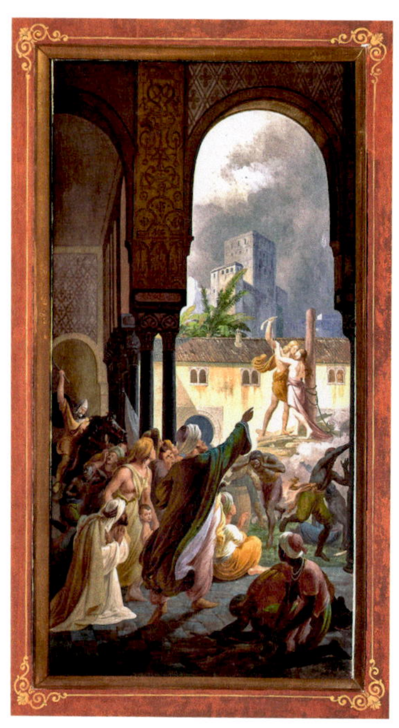

Abb. 4 | Friedrich Preller d. Ä., *Oberon*, Hüon und Amanda auf dem Scheiterhaufen in Tunis

Der waagerecht über dem Sockel verlaufende Bildstreifen trägt graue Malerei, sogenannte Grisaillen, die Märchen von Wieland bebildern. Grisaillen erinnern an Steinreliefs und die Figuren agieren wie auf einer schmalen Bühne vor einem schwarzen Hintergrund, wodurch die Handlungen hervortreten. Zwischen den Szenen sind Masken in einen quadratischen Rahmen sowie in eine Raute gesetzt. Sie sollen Elemente aus Wielands Dichtung darstellen: den Schmerz, die ernste und die lachende Muse, den Traum, links vom Fenster die Hoffnung, rechts davon die Treue, außerdem Liebe, Ehe, Vernunft sowie links neben der Blindtür den Tod und rechts davon die Festigkeit.

Die vertikal verlaufenden Arabesken sind eigenständige Kunstwerke. Während die Grotesken im Schiller- und im Achteckzimmer flach und rein dekorativ wirken, ebenso wie der Greifenfries im Wielandzimmer oder die Grotesken oben in den Bogenlaibungen unter der Kuppel, sind diese Arabesken wesentlich plastischer ausgeführt. Als eigene Gattung waren Arabesken auch in der Literatur und Musik des frühen 19. Jahrhunderts beliebt und entsprechend schwärmte Ludwig von Schorn in *Weimar's Album* von Simons Arabesken als einem „Wundergarten", der „mit musikalischem Sinne geordnet“ sei. Auf schwarzem Hintergrund versammeln sich realistisch wirkende Menschen, Tiere, Pflanzen und Architekturelemente. Sie symbolisieren jeweils bestimmte Inhalte und in ihrer Korrelation entwickeln sie eine eigene erzählerische Qualität. Den Stoff bietet wiederum der *Oberon*. Die komplexen Sinnzusammenhänge, warum welches Motiv wo erscheint, erläuterte Simon selbst in seiner Schrift *Oberon von Wieland. Eine freie Illustration in Bildern und Arabesken* von 1847. Ein interessantes Detail findet sich auf einem Streifen östlich neben der Eingangstür mit dem Fest der Elfen zum Schluss des Versepos. Am unteren Rand liegt hier ein nackter Mann mit Schnurrbart, ein Handgelenk an einen Felsen gekettet. Er wird von Amors Pfeil, dem Symbol der Liebe, getroffen. Sinnbildlich ist es der Schmerz, der von der Liebe besiegt wird, dabei trägt der Mann die Züge Carl Alexander Simons und ist ein verstecktes Selbstporträt (Abb. 5).

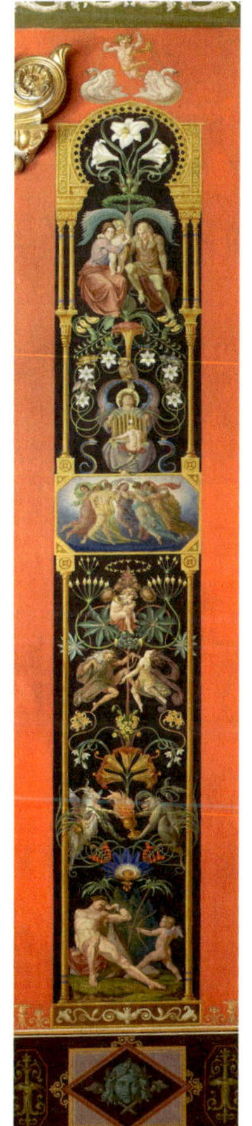

Abb. 5 | Carl Alexander Simon, Arabeske an der Nordwand mit Selbstdarstellung des Künstlers

Über den Türen und der Südwand erheben sich über dem Greifenfries vier halbrunde Szenen und darüber in den Bogenlaibungen Bänder mit Grotesken und eingeflochtenen Bildszenen. Sie bebildern drei Schriften, die sich alle mit der Macht und der Natur der Liebe beschäftigen. Die halbrund eingefassten Bilder thematisieren Wielands Gedicht *Die Grazien* von 1770, in dem Amor von den drei Grazien gefunden wird und das Liebespaar Phyllis und Daphnis zusammenführt. In den Bändern der Bogenlaibungen werden Szenen aus *Musarion oder Die Philosophie der Grazien* von 1768 aufgegriffen. Im Verlauf dieser philosophischen Verserzählung findet der junge Phanias Lebenserfüllung in der Liebe zu dem Mädchen Musarion. Auch die hier gezeigte *Geschichte des Agathon,* zuletzt 1794 überarbeitet, schildert die Suche nach der richtigen Philosophie und einem glücklichen Leben. Mit Figuren gefüllt sind zudem die vier Pendantifs, dreieckige Felder, die die Kuppel tragen: Auf goldenem Grund schweben vier Frauen, die vier Aspekte von Wielands Dichtkunst symbolisieren – das Zauberhafte oder Wunderbare, eine Frau, getragen von einem Greifen, dann die Schönheit, entkleidet von einem Amor und so eine leicht anzügliche, erotische Darstellung, die auf einer Eule sitzende Philosophie mit einer Maske in der Hand und die die Wahrheit sprechende Ironie, einen Knaben mit einem Spiegel neben sich. Das gestalterische Vorbild ist abermals Renaissancemalerei, zum Beispiel die Deckenmalerei von Raffael und seiner Werkstatt in der Villa Farnesina in Rom (Abb. 6).

Insgesamt unterscheidet sich das Wielandzimmer gegenüber der großzügigen Raumflucht aus Schillerzimmer und Goethegalerie durch seine dichte Gestaltung und die Wahl eines anderen Hauptkünstlers, so dass es einen eigenen Reiz bewahrt. Friedrich Preller d. Ä., der eher ein Landschafts- als ein Historienmaler war, verfolgte, anders als Neher, kein Konzept großformatiger Bühnenszenen, sondern wählte Landschaften mit kleinformatigen, eingebetteten Handlungen. Darüber hinaus ist sein Malstil schärfer und stärker auf Nahsicht angelegt. Das passt wiederum gut zu dem intimen Raumformat. Zusammen mit der ausgewogenen Balance zwischen farbigen Flächen, kleinteiligen Ornamenten und den aufwendig gestalteten Arabesken ist das Wielandzimmer damit das vielleicht am besten gestaltete der Dichterzimmer. Das hob schon eine Biographie Prellers 1904 hervor: „Im Gesamteindruck verrät das Wieland-Zimmer eine Farbenfreudigkeit und einen Sinn für die Erfordernisse der Raumschmückung, wie sie in den anderen Dichterzimmern nicht im gleichen Maße wahrzunehmen sind."

SD

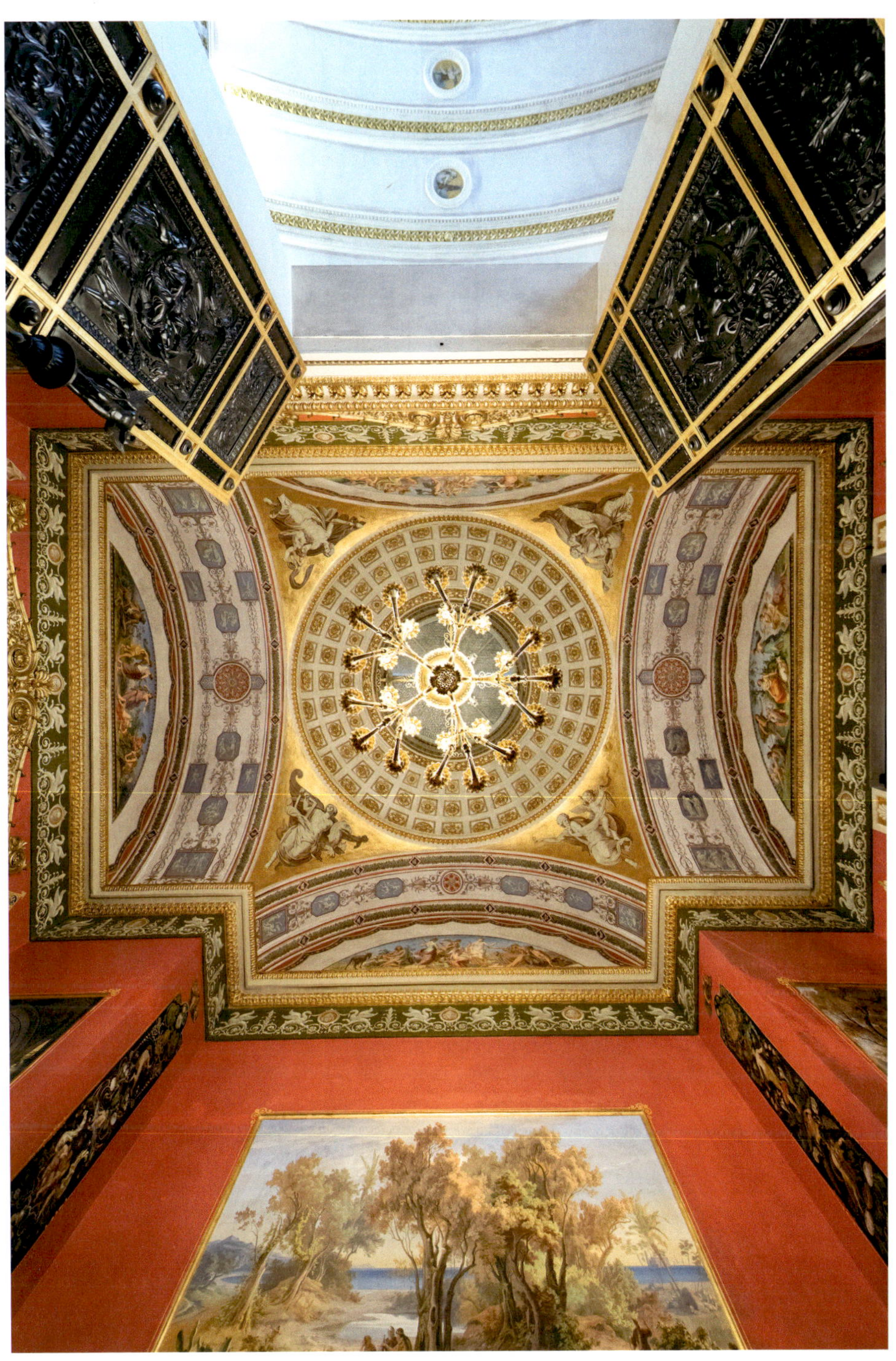

Abb. 6 | Deckenkuppel des Wielandzimmers

CONSEILSAAL

Das Herzstück des Westflügels bildet bis heute ein kleiner Saal, um den sich die anderen Zimmer gruppieren: der sogenannte Conseilsaal (Abb. 1). Er war für die Sitzungen des Staatsministeriums, des Conseils, vorgesehen.

Maria Pawlowna hatte schon 1815 auf einer Grundrisszeichnung die Bestimmung und Ausgestaltung einiger Zimmer selbst eingetragen. Für den kleinen Saal wünschte sie sich Wandbekleidungen aus weißem Marmor; Wandspiegel sollten die repräsentative Funktion des Raumes unterstreichen.

Ende 1834 unterbreitete der Direktor des Freien Kunstinstituts, Hofrat Ludwig von Schorn, den Vorschlag, die Maler Friedrich Preller d. Ä. und Adolph Kaiser mit insgesamt zwölf Landschaftsgemälden für den Conseilsaal zu beauftragen, denn „Ansichten von Gegenden aus dem Lande schienen am passendsten für ein Lokal, das den ernsten Berathungen über das Wohl des Landes gewidmet seyn soll“. Für die Ausführung sollte beiden Künstlern eine Frist von sechs Jahren eingeräumt werden. Bis 1844 waren elf Gemälde fertig und abgeliefert. Kaiser hatte seinen Auftrag erfüllt, Preller blieb noch ein Bild schuldig. Bei Fertigstellung der Gemälde hatten die Arbeiten im Conseilsaal selbst allerdings noch gar nicht begonnen. Daher fanden die Landschaften ihren Platz zunächst in den Wohnzimmern des Großherzogs Carl Friedrich und seines Sohnes Carl Alexander.

Erst in den Jahren von 1847 bis 1849 wurde der Saal ausgebaut. Statt des gewünschten weißen Marmors bestimmen rote Samttapeten den Raum. Zwei weiße Kachelöfen aus Berlin, ein großer Kronleuchter aus Paris und Stuckaturen an der Decke gehören bis heute zur Ausstattung. Die Deckenornamente wur-

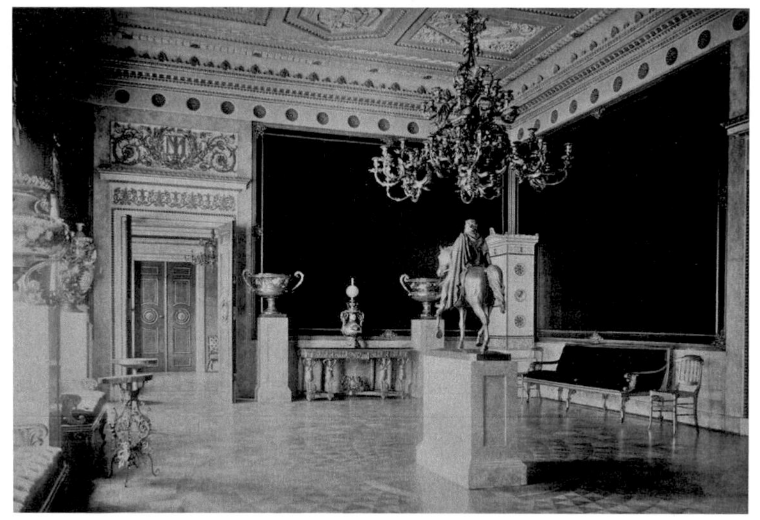

Abb. 1 | Helene Hüttich-Oemler, Süd- und Westwand des Conseilsaals, um 1930

den von der Bildhauerin Angelica Facius und dem Stuckateur Carl Hütter nach Angaben des Oberbaudirektors Clemens Wenzeslaus Coudray gefertigt. Rund um den Kronleuchter sind zehn Wappen von Städten des Großherzogtums angeordnet. Zu beiden Seiten verweisen das sächsische und das russische Wappen mit Königs- beziehungsweise Kaiserkrone auf Carl Friedrich und Maria Pawlowna. Die Initialen des Paares befinden sich über den drei Türen. Für die Möblierung wurden zwei große und vier kleine Sofas extra angefertigt. Aus ihrem Brautschatz stellte Maria Pawlowna außerdem zwei Tische mit großen blauen Glasplatten zur Verfügung. Auf den Tischen und verschiedenen Marmorpostamenten standen bis zu 15 kostbare Porzellanvasen.

Im Oktober 1848 erhielt Preller schließlich den Auftrag für sein letztes Gemälde, den Einzug Carl Friedrichs und seiner jungen Braut Maria Pawlowna in Weimar (vgl. Abb. 2, S. 37). „Der Großherzog als Erbprinz mit mir im Jahre 1804: ich bin neugierig was daraus wird", bemerkte die Großherzogin dazu.

Auf Anregung Carl Alexanders nutzte der Hof den kleinen Saal letztendlich im Zeremoniell rund um die Dichterzimmer und die Schlosskapelle. Nach Konzerten oder Festgottesdiensten wurde hier auf das Wohl der Weimarer Großherzöge angestoßen. Gegenwärtig vertreten im Conseilsaal fünf Büsten die großherzogliche Familie: Maria Pawlowna, Carl Alexander und seine Gemahlin Sophie sowie Wilhelm Ernst und seine Gemahlin Feodora.

CP

HERDERZIMMER

Mit dem Memorialraum für den Theologen Johann Gottfried Herder wurde das Ensemble der Weimarer Dichterzimmer im Herbst 1848 vollendet (Abb. 1). Bezeichnend ist, dass der Raum nicht direkt an die anderen drei Dichterzimmer angeschlossen ist. Der Zugang erfolgt von der Goethegalerie über den Conseilsaal oder über das Treppenhaus Coudrays.

Die künstlerische Gestaltung der Wandbilder stammt von Gustav Jäger, einem Schüler des berühmten nazarenischen Malers Julius Schnorr von Carolsfeld. Noch während beide die Nibelungensäle in der Münchner Residenz ausmalten, unterzeichnete Jäger im Spätsommer 1845 den Vertrag für die Wandbilder im Weimarer Herderzimmer. Er verpflichtete sich „die Composition und kunstgerechte Ausführung des al fresco zu malenden Frieses" für 3.000 Taler „in der kürzesten Zeit" auszuführen, da Maria Pawlowna eine zügige Vollendung wünschte. Ursprünglich ging man von einem Abschluss der Arbeiten im Jahr 1846 aus, änderte

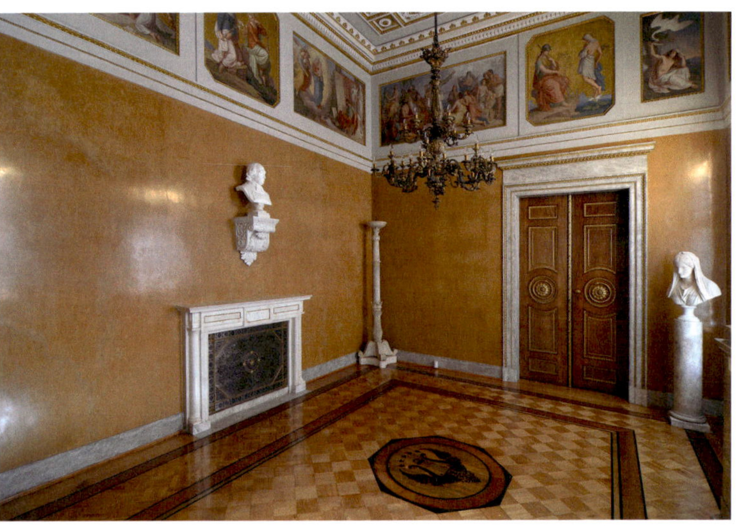

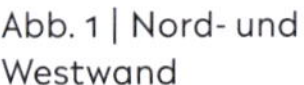

Abb. 1 | Nord- und Westwand

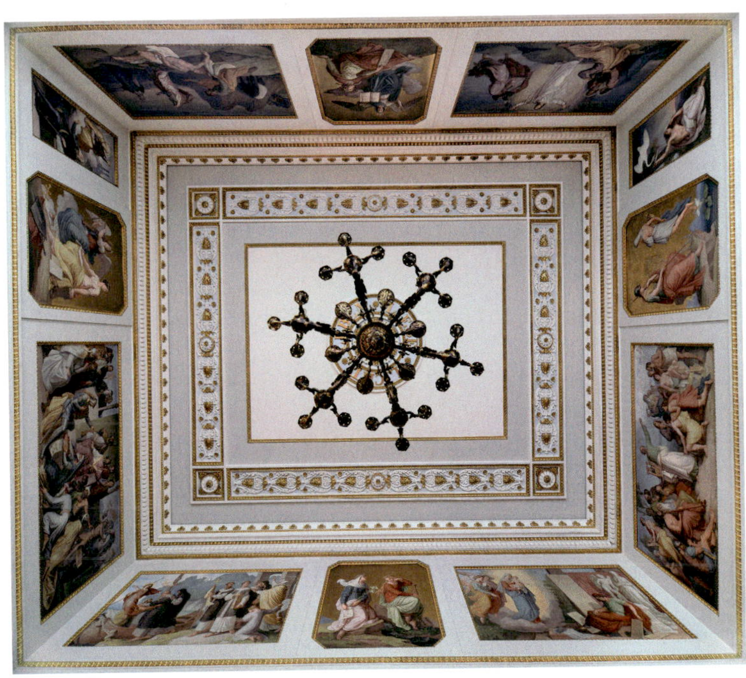

Abb. 2 | Decke mit umlaufendem Bilderfries

dann aber den Vertragstext auf Herbst 1847. Die endgültige Fertigstellung dauerte bis zum Herbst des Folgejahres.

Die geringe Größe und der Schnitt des Raumes mit den beiden asymmetrisch angebrachten Türen waren Anlass für die von den anderen Dichterzimmern abweichende Gestaltung. Die Wände sind hier nicht komplett mit Bildern dekoriert, vielmehr gibt es lediglich im oberen Drittel einen Bilderfries. Jeweils drei Gemälde schmücken eine Wand. Die Wandflächen sind mit gelbocker-farbigem Stuckmarmor versehen, der ebenso wie die üppigen weiß-goldenen plastischen Verzierungen vom Hofstuckateur Carl Hütter stammen. In Kombination mit dem farbintensiven Bilderfries verleiht diese Ausstattung dem Raum seine festliche Wirkung.

Abgestufte Gesimse mit vergoldeten Zierleisten auf dem weißen Stuck rahmen auch den Bilderfries. Ein Kranzgesims bildet den Übergang zur Stuckdecke, die von einem großen, mit Palmetten- und Rosettenmotiven verzierten Spiegelrahmen dominiert wird (Abb. 2). In dessen Zentrum befindet sich nicht nur die Aufhängung des üppigen Pariser Bronzeleuchters, sondern auch ein Medaillon mit zwei Motiven von Herders Petschaft. Der persönliche Wahlspruch des Theologen „Licht Liebe Leben“

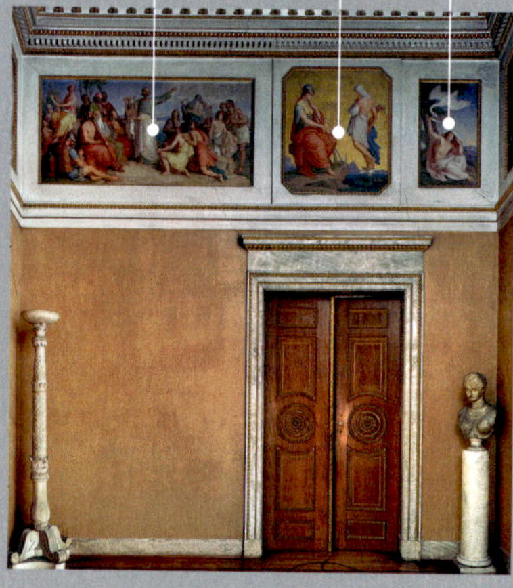

NORDWAND

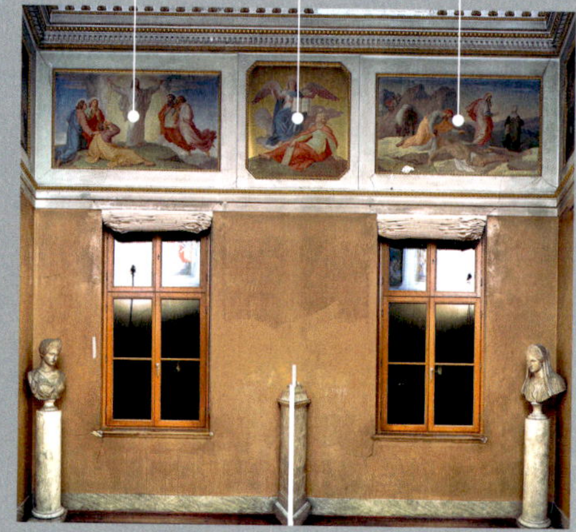

OSTWAND

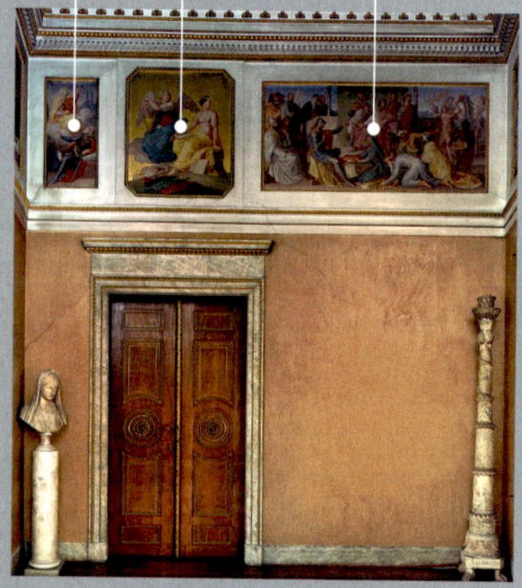

SÜDWAND

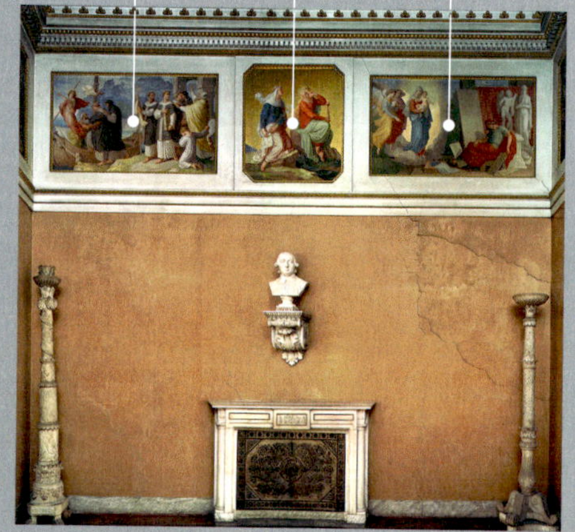

WESTWAND

beschreibt den äußeren Kreis. Den inneren bildet eine geflügelte Schlange, die sich in den Schwanz beißt, der Uroboros als Symbol der Ewigkeit. Dieses Motiv taucht auch in der Mitte eines jeden Flügels der beiden Holztüren auf (Abb. 3). Mit der Decke korrespondiert die Gestaltung des mit Holzintarsien versehenen Fußbodens. In dessen Zentrum befindet sich eine geflügelte Lyra, ein aus der Antike entlehntes Dichtersymbol.

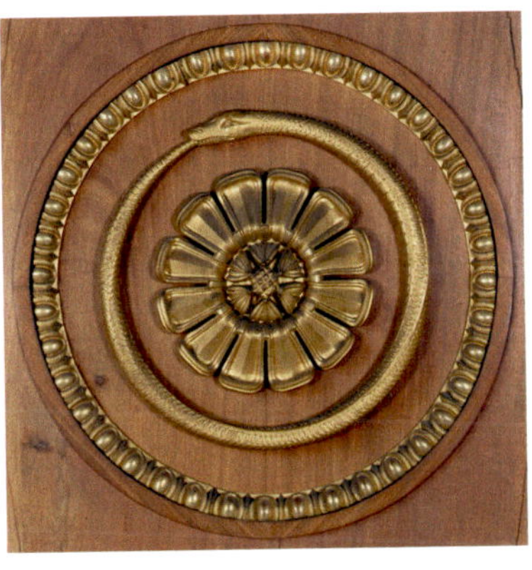

Abb. 3 | Tür mit Uroboros

Die Wandbilder wurden wie in den anderen Memorialräumen in Fresko-Secco-Technik gefertigt. Die Ausführung erfolgte auf der Staffelei in einem Nachbarraum oder im Atelier des Malers. Die Bilder sind einzeln durch Eisenrahmen eingefasst und in der Wand befestigt. In ihrer Motivik unterscheiden sie sich erheblich von denen der anderen Dichterzimmer. Hier wurden nicht einzelne Werke des Autors illustriert, sondern man konzipierte einen eigenständigen Bilderkreis. Ausgehend von Herders Schriften entwickelte der Archäologe und Literaturwissenschaftler Gustav Adolf Schöll ein Bildprogramm, das die zeitgenössischen Vorstellungen über die Entwicklung von Dichtung, Humanität und Christentum miteinander verschmolz. Dabei verknüpfte er zumeist mehrere Schriften zu einem Bildmotiv. Das machte die Bildfindung für den ausführenden Künstler sehr anspruchsvoll. Insgesamt führte Jäger zwölf Wandbilder aus, drei an jeder Seite des Raumes. In der Mitte der Dreiergruppen befindet sich jeweils ein Bild mit zwei allegorischen Figuren auf Goldgrund, die in direkter Beziehung zu den seitlichen, sogenannten Handlungsbildern stehen.

Der Zyklus beginnt über der Tür an der Nordwand, die zum Conseilsaal führt. Am Anfang steht der Verweis auf die frühen Hochkulturen des Orients und des Okzidents. Die Mitteltafel zeigt Harpokrates, eine um 1800 sehr beliebte orientalische Gottheit (Abb. 4). Sie schwebt auf einer Lotusblüte und hält den linken Zeigefinger vor den geschlossenen Mund, ein Sinnbild der Verschwiegenheit. Harpokrates gegenüber sitzt Minerva mit einem Speer in den Händen. In der griechisch-römischen Antike wurde

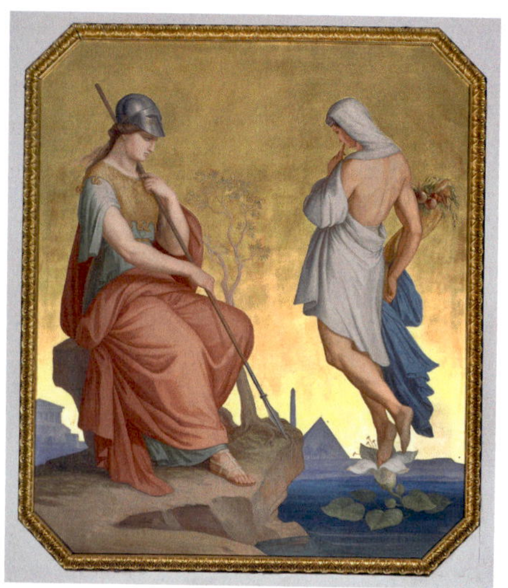

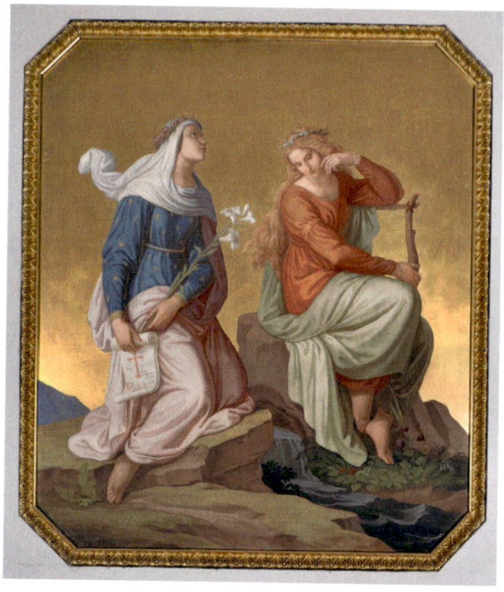

Abb. 4 | Gustav Jäger, *Harpokrates und Minerva*

Abb. 5 | Gustav Jäger, Allegorien von Sage und Legende

sie als Göttin des Krieges, der Weisheit und der Kunst verehrt. Das rechte hochformatige Seitenbild stellt den arabischen Propheten Henoch Idris als Erfinder der Schreibfeder dar. Es nimmt Bezug auf Herders *Blätter der Vorzeit.* Das linke Handlungsbild *Homer singt dem lauschenden Volk* soll die Blütephase der antiken griechischen Kultur veranschaulichen. Zugleich verdeutlicht es die im 18. Jahrhundert verbreitete Auffassung, dass mit Homer die abendländische Dichtung beginnt. Im Beisein der Muse der Geschichtsschreibung trägt der greise Dichter dem Volk – Fischer, Hirten, Kleriker, Krieger, Künstler und Gesetzeshüter – seine Gesänge vor. Hintergrund für diese Szene ist Herders intensive Beschäftigung mit der klassischen Antike. 1795 publizierte er in der Literaturzeitschrift *Die Horen* seine Abhandlung *Homer, ein Günstling der Zeit.*

Die Dreiergruppe der Westwand steht für die Entwicklung des Christentums von der Antike bis ins frühe Mittelalter. Das Mittelbild zeigt die weiblichen Personifikationen von ‚Sage' und ‚Legende' (Abb. 5). Die ‚Sage' in rotem Kleid mit langem goldblonden Haaren sitzt auf einem Felsblock und blickt versonnen auf eine sprudelnde Quelle. Die ‚Legende' im blauen Gewand kniet auf einem Felsvorsprung und blickt himmelwärts. Auf dem

Haupt trägt sie eine Dornenkrone über einem Schleier. In der linken Hand hält sie eine Lilie, in der rechten eine Schriftrolle – so wie Herder die Personifikation in seiner Schrift *Legenden* von 1797 vorstellte. Das rechte Handlungsbild veranschaulicht das Gedicht *Das Bild der Andacht*. Der zum Christentum bekehrte Bildhauer Sophronius ist erschöpft eingeschlafen. Vergeblich hatte er versucht, ein Marienbild zu schaffen. Im Traum erscheint ihm eine Madonna, die der *Sixtinischen Madonna* ähnelt. Thema des linken Handlungsbildes ist die Missionierung in Nordeuropa, dafür verknüpfte Schöll Elemente aus dem Gedicht *Die Fremdlinge* mit der mehrfach von Herder besprochenen Ossian-Legende. Zu sehen ist die Verabschiedung des heiliggesprochenen irisch-schottischen Mönchs Kolumban und weiterer Klosterbrüder durch den Abt Cromogallus. Die Gruppe bricht auf, um unter Alemannen und Franken das Christentum zu verbreiten. Im Hintergrund verweisen die bergige Landschaft und die Figur des Ossian mit der Harfe auf Schottland als Schauplatz des Geschehens.

Die Südwand thematisiert das Erstarken des Christentums im Mittelalter. Die Mitteltafel wird von Allegorien der ‚Geschichte' und der ‚Poesie' geschmückt. Die Frauenfigur der ‚Geschichte' ist an ihren Attributen, dem Buch und zwei Schrifttafeln, erkennbar. Die Personifikation der ‚Poesie' stattete Jäger mit Flügeln und

Abb. 6 | Gustav Jäger, *Der Cid, die huldigenden Mauren an den König weisend*

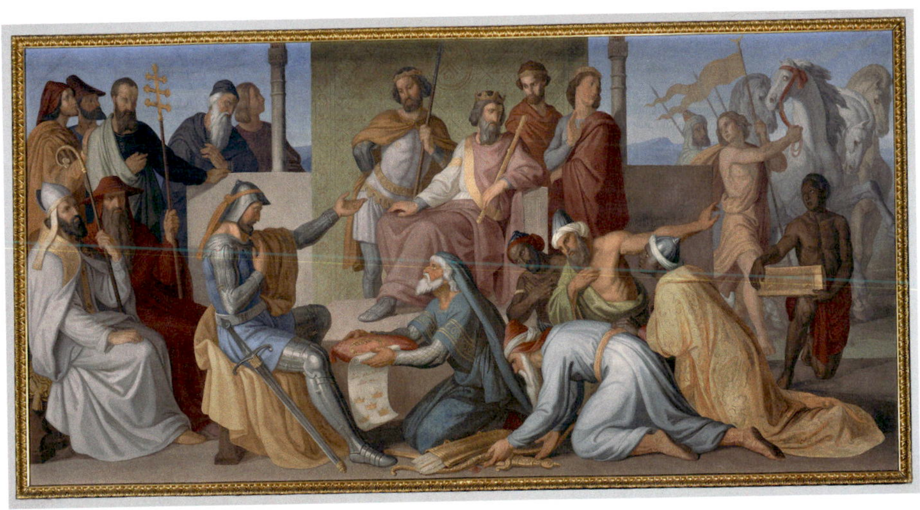

Harfe aus. Außerdem fügte er Schild, Schwert und den dreifachen päpstlichen Kreuzstab mit rotem Tuch hinzu. Das rechte Seitenbild gibt die 18. Szene aus dem von Herder übersetzten spanischen Heldenepos *Der Cid* wieder. Erzählt wird die Geschichte des Ritters Rodrigo Díaz de Vivar, der gegen die maurische Fremdherrschaft kämpfte und erfolgreich das Christentum verteidigte (Abb. 6). Auf dem Bild *Der Cid, die huldigenden Mauren an den König weisend* zeigt Cid auf seinen König, als die Gesandten der von ihm unterworfenen Völker ihre Geschenke überbringen. Im hochformatigen linken Wandbild ist *Cid's Heimrufung* dargestellt. Dem gealterten Kriegshelden erscheint Petrus, der ihm seinen nahen Tod prophezeit und den Schutz des Himmels für seine Familie verspricht.

Den Höhepunkt des Bildprogramms bilden die Malereien über den Fenstern der Ostwand. Die Mitteltafel schmücken die Sinnfiguren der ,Humanität' und der ,Theologie'. Letztere ist eine auf einer Wolke thronende weibliche Gestalt mit Flügeln, Krone und einem Buch mit der griechischen Inschrift „Das Wort von Gott". Über der auf dem Boden sitzenden, himmelwärts blickenden Allegorie der ,Humanität' leuchtet ein Stern. In ihrer rechten Hand hält sie eine Schrifttafel mit dem Ausspruch: „Liebe deinen nächsten wie dich selbst". Daran knüpft auch die Darstellung des rechten Seitenbildes mit dem bekannten *Gleichnis vom barmherzigen Samariter* an. Mit diesem Wandbild beendete Jäger im Herbst 1848 die Arbeit an dem Zyklus. Das linke Seitenbild mit der Szene *Verklärung Christi* hatte er bereits zuvor als Schlussbild fertiggestellt. Dieses Wandbild trägt als einziges seine Signatur „GI.1848". Von einer Lichtgloriole umgeben, im Moment seiner Transfiguration breitet Christus die Arme über die schwebend wiedergegebenen Propheten des Alten Testaments – Moses und Elias – sowie die auf dem Boden lagernden Apostel des neuen Testaments – Petrus, Johannes und Jakobus.

Zur ursprünglichen Ausstattung des Raumes gehören auch der marmorne Kamin und die auf einer reich verzierten Konsole stehende Marmorbüste Herders. Sie stammt von dem Münchner Bildhauer Ludwig Schaller, der auch der Schöpfer des Weimarer Herder-Denkmals ist. Später fügte man weitere Ausstattungs-

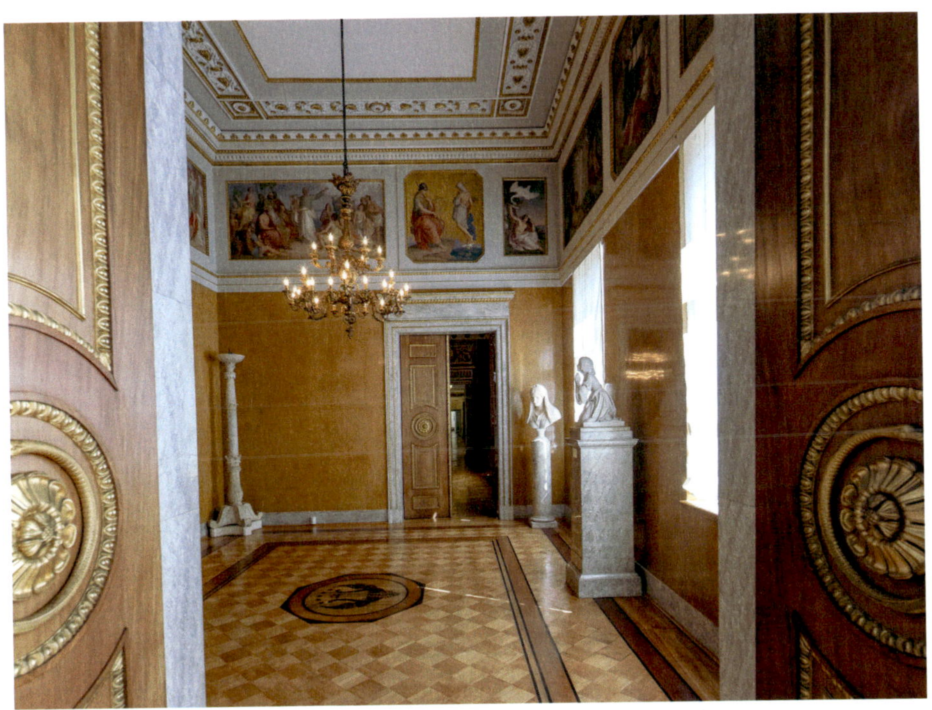

stücke hinzu. 1950 wurde die von dem Bildhauer Wolf von Hoyer geschaffene *Statue eines betenden Mädchens* an der Ostwand aufgestellt (Abb. 7). Auch die beiden antiken Büsten und die zwei antiken Kandelaber sind eine nachträgliche Hinzufügung. Bereits 1835 hatte sie Erbprinz Carl Alexander in Venedig aus der Sammlung Grimani zusammen mit weiteren Stücken wie den *Iphigenie*-Reliefs über den Türen der Schmalseiten der Goethegalerie erworben.

KK

Abb. 7 | Blick auf die Nord- und Ostwand

COUDRAYS TREPPENHAUS

Clemens Wenzeslaus Coudray plante mehrere Treppenhäuser, um den neuen Westflügel zu erschließen. Das repräsentativste – auf den Entwürfen mit einem militärisch geprägten Bildprogramm versehen – ordnete er im Pavillon am südlichen Ende des Flügels an. Doch schon nachdem die Fundamente für den Pavillon gelegt waren, geriet der Bau für längere Zeit ins Stocken. Mit dem Regierungswechsel nach Carl Augusts Tod änderten sich die Anforderungen noch einmal grundlegend. So ordnete der neue Großherzog Carl Friedrich an, im Westflügel des Residenzschlosses eine Kapelle einzurichten. Coudray musste seine Planungen von 1816 entsprechend korrigieren und sah für den Südpavillon jetzt im ersten und zweiten Obergeschoss eine Schlosskapelle vor. Das ursprünglich dort geplante Treppenhaus verschob er weiter nach Norden in den angrenzenden zweigeschossigen Bereich des Westflügels. Einige Gestaltungselemente seiner ursprünglichen Planung übernahm er für das neue Treppenhaus: Die flachgewölbte kassettierte Decke im Hauptraum sowie die abgestufte Treppenwange zwischen den Treppenläufen als Aufstellfläche für Beleuchtungskörper und Skulpturen. Das militärische Bildprogramm wiederholte er nicht. Das 1848 fertiggestellte großzügige Treppenhaus führt vom Parterre in das erste Obergeschoss. Es bildet den Hauptzugang zur Schlosskapelle und zu den repräsentativen Räumen. Von der dunklen Durchfahrt im Kapellenpavillon steigt man über drei Treppenläufe mit zwei Wendepodesten nach oben in den hellen Hauptraum. Der dritte Treppenlauf wird rechts von einer gestuften Wangenmauer begrenzt, auf der zwei große Kandelaber aufgestellt waren, von denen heute hier noch einer zu sehen ist. Den

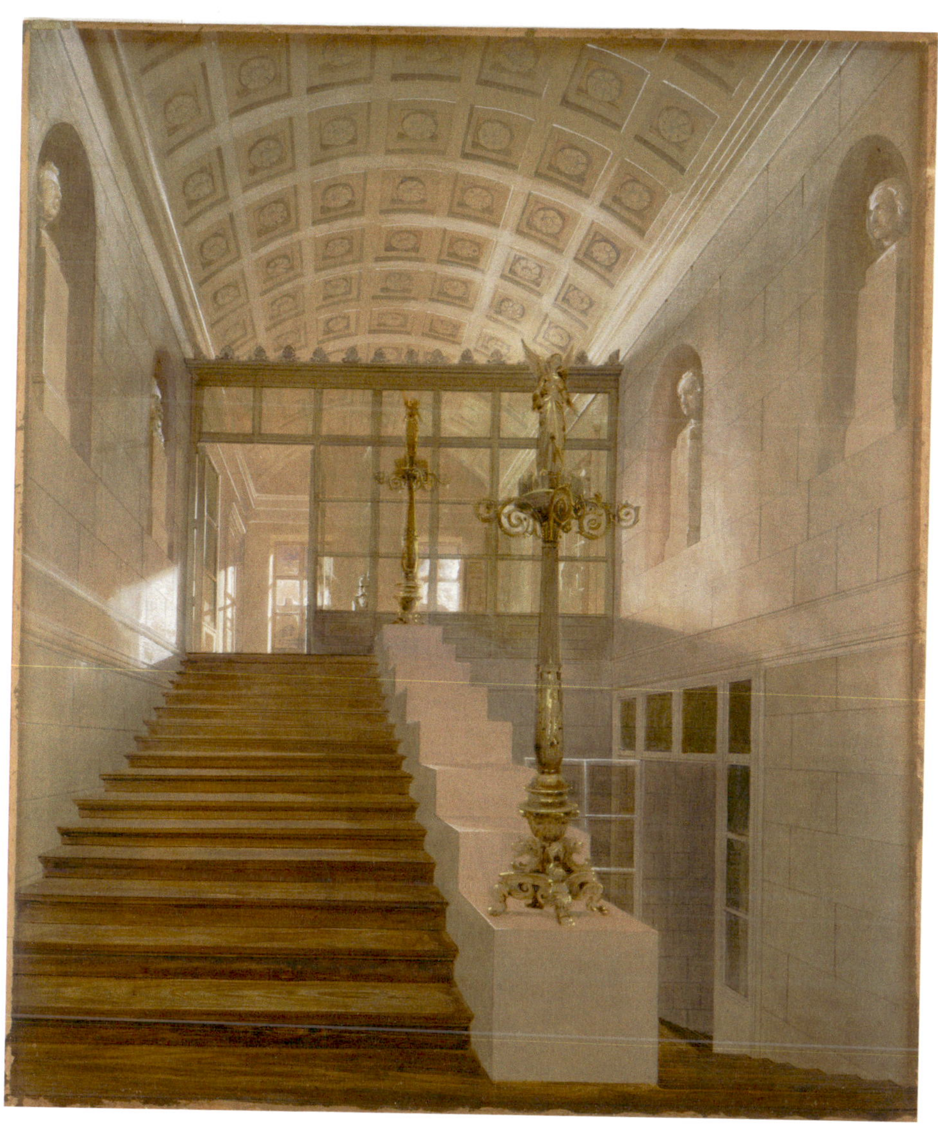

Abb. 1 | Carl Maria Hummel,
Coudrays Treppenhaus,
um 1846

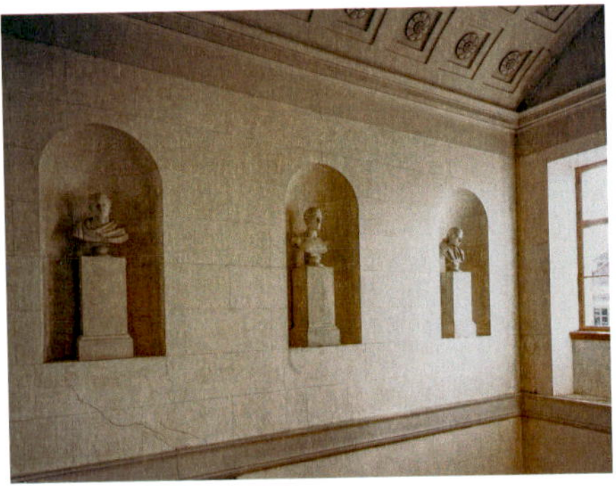

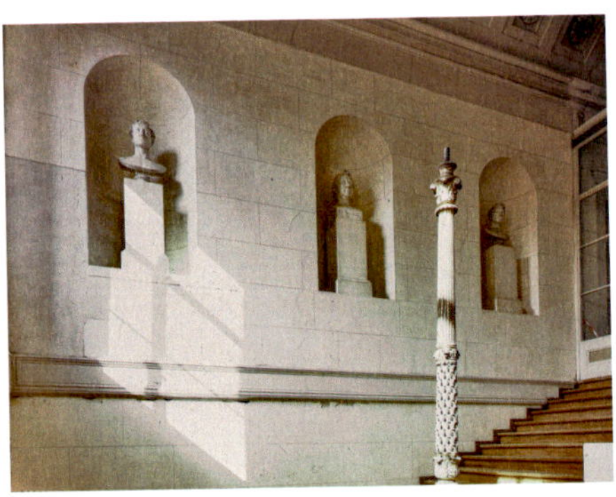

Abb. 2 | Blick auf die Nordwand

Abb. 3 | Südwand

Hauptraum des Treppenhauses bildet ein geschossübergreifender, langgestreckter Raum auf rechteckigem Grundriss, der mit seinen Schmalseiten zwischen die östliche und die westliche Außenmauer des Flügels eingefügt ist. Eine Glaswand trennt den eigentlichen Treppenbereich vom Vorraum zur Kapelle. Durch je zwei Fenster in den Stirnseiten der Obergeschosszone fällt Tageslicht. Der große Raum wird von einer flachgewölbten Kassettendecke in Längsrichtung überspannt. Im Bereich der Stufenanlage werden die Wände der Obergeschosszone durch je drei halbzylindrische Rundbogennischen gegliedert. Der Stuckmarmor in gebrochenem Weiß und die angedeutete Quaderung der Wandflächen reicht auch über die Nischen, die rahmenlos in die Wände eingeschnitten sind. Die Glastrennwand und ehemals ein Kachelofen sowie die Warmluftheizung im unteren Bereich schützten vor Zugluft. Die dominierenden Weißtöne der Architektur- und Skulpturenoberflächen sowie der warme Farbton der Holzstufen, sparsam durch die vergoldeten Kandelaber akzentuiert, formen ein harmonisch ausgewogenes Raumkunstwerk.

Großherzogin Maria Pawlowna hatte die Nischen für Ehrenbüsten verdienter Persönlichkeiten der Landesgeschichte bestimmt. Die plastischen Porträts wurden ab 1837 von den Bildhauern Adolf Straube, Ernst Rietschel, Emil Cauer, Wolf von Hoyer und Robert Härtel, geschaffen. Im Jahr 1872 stellte man die letzte der elf Büsten, die noch heute hier zu betrachten sind, auf.

In den Nischen der Südwand über dem Eingang ins eigentliche Treppenhaus befinden sich auf Sockeln die Porträts des

Staatsministers und Schöpfers der ersten Landesverfassung von 1816 Ernst Christian August von Gersdorff, geschaffen von Hoyer, des Staatsministers Bernhard von Watzdorf, von Härtel, und des Direktors der Freien Zeichenschule Johann Heinrich Meyer, von Hoyer. In den Nischen der Nordwand stehen die Büsten des Kunsthistorikers Ludwig von Schorn, von Hoyer, des Komponisten und Hofkapellmeisters Johann Nepomuk Hummel, von Straube, sowie des Mediziners Ludwig Friedrich von Froriep, von Cauer. Einen besonderen Platz bekam die Büste von Clemens Wenzeslaus Coudray, ein von Rietschel geschaffenes Werk, das an hervorgehobener Stelle auf einer Konsole zwischen den Fenstern der Westwand zu sehen ist. Die Büsten des Renaissancemalers Lucas Cranach d. Ä., von Straube, des Theologen Georg Spalatin, des Historikers und Prinzenerziehers Friedrich Hortleder sowie des Komponisten, Hoforganisten und Konzertmeisters Johann Sebastian Bach – die letzten drei von Hoyer – wurden ursprünglich auf dem Kapellenvorplatz präsentiert. Sie standen auf Postamenten, deren genauer Aufstellungsort nicht überliefert ist. Gegenwärtig werden diese Büsten auf dem großen Wendepodest vor der Westwand gezeigt.

ME

SCHLOSSKAPELLE

Mit dem Brand des Residenzschlosses im Jahr 1774 verschwand die „Weg zur Himmelsburg“ genannte Schlosskirche, in der Johann Sebastian Bach von 1708 bis 1717 als Hoforganist und Konzertmeister gewirkt hatte. In der Konzeption für den Wiederaufbau des Schlosses zwischen 1789 und 1803 war keine Kapelle vorgesehen, man nutzte die Jakobskirche als Hofkirche.

Nach seinem Regierungsantritt im Jahr 1828 ordnete Großherzog Carl Friedrich an, eine Schlosskapelle im Westflügel einzurichten. Dazu musste Oberbaudirektor Clemens Wenzeslaus Coudray seine ursprüngliche Disposition des Westflügels überarbeiten. Die Schlosskapelle sollte in den als Pendant zum sogenannten kleinen Westflügel zu erbauenden Pavillon eingefügt werden, an der Stelle, an der zuvor das repräsentative

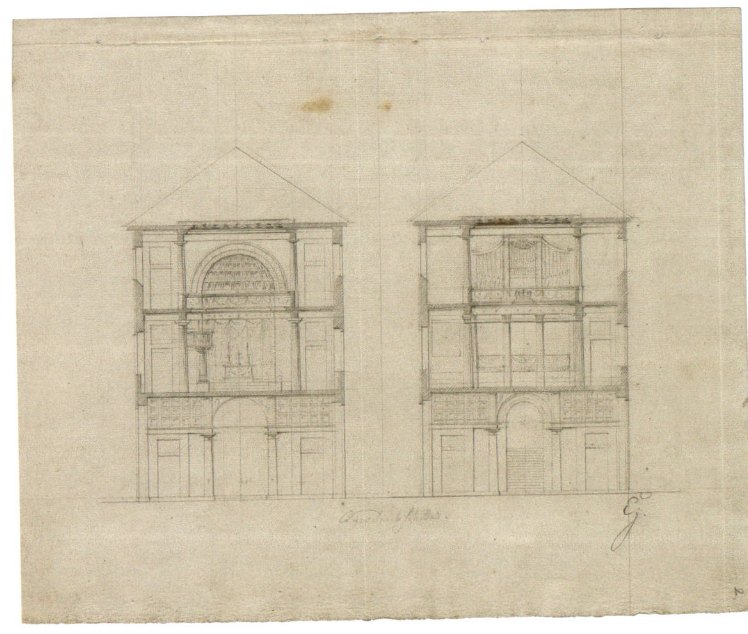

Abb. 1 | Clemens Wenzeslaus Coudray, Entwürfe zum Pavillon der Schlosskapelle, Querschnitte nach Süden (links) und Norden, signiert „Cÿ“ (Coudray), 1828

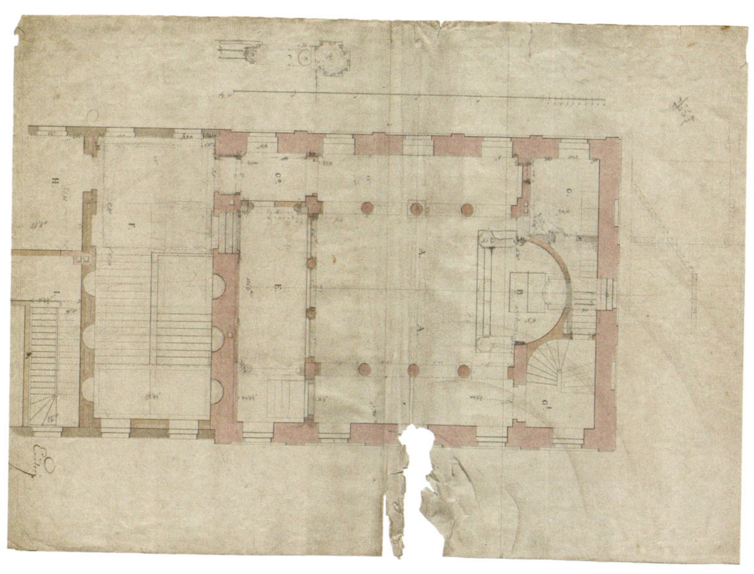

Abb. 2 | Clemens Wenzeslaus Coudray, Grundriss der Schlosskapelle, 1828

Treppenhaus geplant war. Coudray sah einen klar gegliederten zweigeschossigen Raum vor, der von einer dreiseitigen doppelgeschossigen Kolonnade im Osten, Norden und Westen umschlossen werden sollte. (Abb. 1) An der Südwand platzierte er eine hohe gewölbte Altarnische, ihr gegenüber eine um drei Stufen erhöhte Herrschaftsloge, darüber auf der Empore die Orgel (Abb. 2). Eine stark profilierte Kassettendecke sollte den zentralen Bereich der Kapelle überspannen. In einer Entwurfsvariante ordnete Coudray die Kanzel in halber Höhe der Altarnische an und nahm damit Bezug auf die traditionelle Form des Kanzelaltars, dessen Entwicklung in der alten Schlosskirche „Weg zur Himmelsburg" ihren Ursprung hatte.

1834 war der Pavillon im Rohbau fertiggestellt. Aber erst 1844 kam wieder Bewegung in das Projekt. Großherzog Carl Friedrich übertrug seinem Sohn Carl Alexander die Leitung der Ausbauarbeiten, was zur Folge hatte, dass Coudrays klassizistische Ausgestaltung der Kapelle nicht verwirklicht wurde. Carl Alexander ließ von dem bauhistorisch bewanderten und in historischen Bauformen erfahrenen Baurat Heinrich Heß ein Projekt in romanischer Formensprache ausarbeiten. Hierin spiegeln sich einerseits das historische Interesse des Erbgroßherzogs, andererseits auch die Begeisterung an den begonnenen Instandsetzungsarbeiten am romanischen Palas der Wartburg wider.
Heß fiel die Aufgabe zu, auch aus Kostengründen die vorhandene

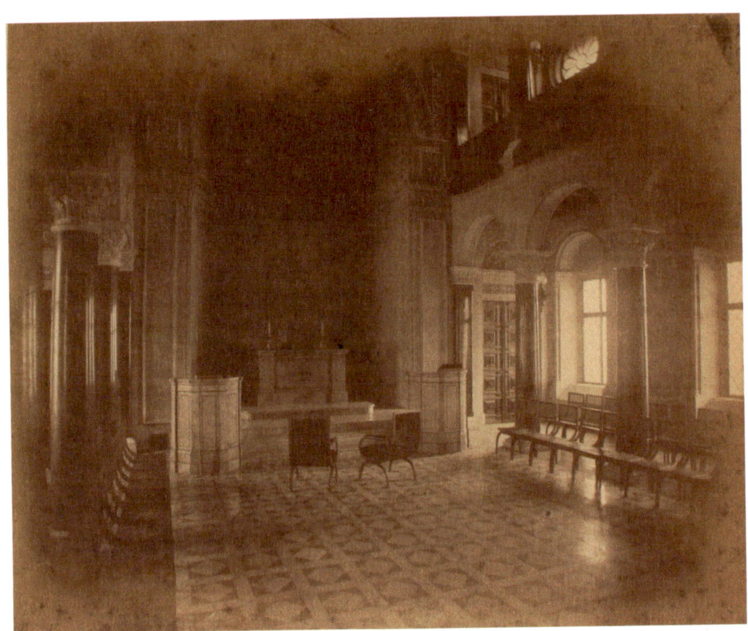

Abb. 3 | Friedrich Jamrath, Innenraum der Kapelle, 1867

Rohbaustruktur weiterzuverwenden. Statt der Kolonnaden wurden nun massige, schwerer wirkende Arkaden als Tragstruktur der Empore errichtet (Abb. 3). Den Auftrag für den Bau der Orgel mit 22 Registern auf zwei Manualen und Pedal erhielt der Orgelbautheoretiker, Stadtorganist und Musikprofessor Johann Gottlob Töpfer. Als Geläut dienten weiterhin die Glocken der alten Schlosskirche, die den Brand von 1774 unbeschadet im Schlossturm überstanden hatten. Am Palmsonntag 1847 weihte Oberkonsistorialrat Carl Friedrich Horn die neue Schlosskapelle feierlich ein. Ihre Ausstattung, beispielsweise mit Lampen, wurde erst 1848 abgeschlossen.

Die längsrechteckige zweigeschossige Schlosskapelle nimmt das erste und zweite Obergeschoss des Pavillons ein. Den symmetrisch angelegten Raum betritt man vom Haupttreppenhaus kommend an der nördlichen Schmalseite. Gegenüber befindet sich die Altarnische in der Form eines Halbzylinders, der von einer Viertelkugel überwölbt ist. Das um drei Stufen erhöhte Podest nahm ursprünglich den Altar und an den Ecken zwei Lesekanzeln auf. Eine doppelgeschossige Arkade umläuft den Raum an der Ost-, Nord- und Westseite und vermittelt den Eindruck einer Dreischiffigkeit. Die untere Arkade trägt die Empore, die obere stützt die Decke. Während die 24 Säulen aus porphyrimitierendem Stuck hergestellt sind, wurde in der Altarnische die Porphyrimitation der unteren Zone in einer Maltechnik angefertigt. Die Kapitelle orientieren sich an denen der romanischen Doppelkapelle der Neuenburg bei Freyburg. Ein eisernes Geländer auf der Empore diente als Brüstung. Darauf waren möglicherweise aus akustischen Erwägungen Teppiche drapiert. Um den Bogen der Altarnische sind vier stuckierte lateinische Inschriften angeordnet. Die Goldbuchstaben auf blauem Grund nennen vier Wahlsprüche von herausragenden Vertretern der ernestinischen Wettiner: OMNIA CUM DEO NIHIL SINE EO (Alles mit Gott nichts ohne ihn) ist Herzog Wilhelm Ernst von Sachsen-Weimar und Erbgroßherzog Carl Alexander von Sachsen-Weimar-Eisenach zuzuordnen. VERBUM DOMINI MANET IN AETERNUM (Das Wort des Herrn bleibt in Ewigkeit) bezieht sich auf die sächsischen Kurfürsten der Reformationszeit: Friedrich III. den Weisen, Johann den Beständigen und Johann Friedrich I. den Großmütigen, der auch SPES MEA IN DEO (Meine Hoffnung in Gott) benutzte. Herzog Bernhard von Sachsen-Weimar, der Heerführer im Dreißigjährigen Krieg, verwendete MEA DEUS GLORIA (Gott mein Ruhm). Der Bauherr stellte sich damit in eine lange Tradition der Schützer der lutherischen Kirche, deren Oberhaupt in seinem Land er war. Der Altarnische gegenüber befindet sich die um drei Stufen erhöhte Herrschaftsloge, die der großherzoglichen Familie vorbehalten war. Über der Loge wurde auf der Empore die Orgel aufgestellt. Aus hellem Kehlheimer Kalkstein und rotbraunem Saalburger Marmor besteht der gemusterte Fußboden. Holzbalkendecken, auf Konsolen ruhend, überspannen alle Bereiche des Kapellenraums. Zur Beleuchtung dienen Hängeampeln aus Messing. Die Temperierung der Kapelle erfolgte mittels Zuleitung erwärmter Luft aus dem Erdgeschoss. In der südwestlichen Ecke des Kapellenpavillons reicht eine steinerne Wendeltreppe vom Erdgeschoss bis zur Empore.

Im Jahr 1867 feierten Großherzog Carl Alexander und Großherzogin Sophie ihr silbernes Ehejubiläum. Zu diesem Anlass wurden neue Stücke für die Ausstattung der Kapelle gestiftet. Das preußische Königspaar Wilhelm und Augusta, Carl Alexanders Schwester, überreichten ein großes goldenes Kreuz mit einer

Abb. 4 | Louis Held, Innenraum der Kapelle, 1910

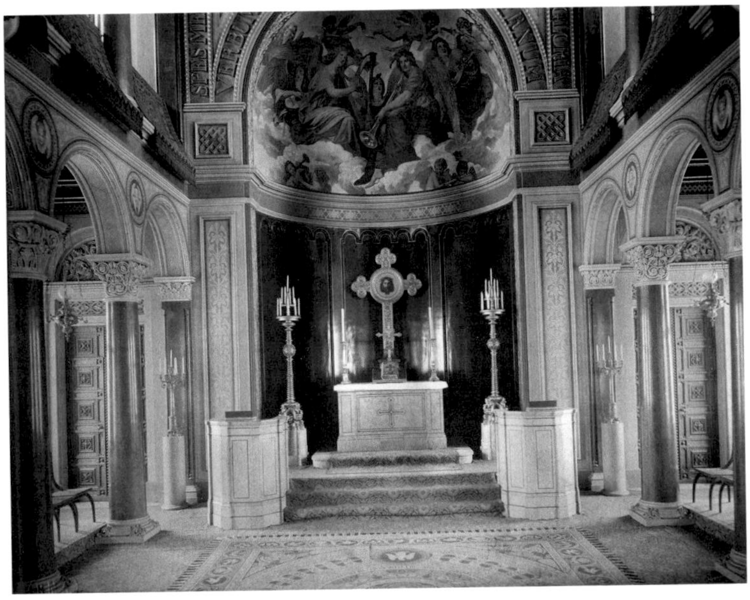

Christusdarstellung zur Aufstellung hinter dem Altar, ein Pult sowie eine Bibel für den Altar. Kronprinz Friedrich Wilhelm von Preußen und seine Ehefrau Victoria stifteten zwei große Kandelaber. 25 ehemalige und diensttuende Hofdamen hatten einen großen Teppich für die Kapelle gestickt. Weimarer Damen stifteten die Ausmalung der Wölbung der Altarnische mit einem Engelskonzert. Für die Ausführung des von Anfang an geplanten, aber noch nicht ausgeführten Schmucks beauftragten sie den namhaften Maler und Professor der Weimarer Kunsthochschule Hermann Wislicenus, der bereits in der russisch-orthodoxen Grabkapelle Maria Pawlownas für die großherzogliche Familie tätig war. Die Medaillons mit den geflügelten Engelsköpfen in den Arkadenzwickeln gehen vermutlich auch auf ihn zurück (Abb. 4).

Ein erheblicher Eingriff in den Bestand der Schlosskapelle war 1913 die Errichtung des Südflügels am Residenzschloss. Der Anbau führte zu einer Verdunkelung des Kapellenraumes, da drei Fensterachsen der Ostwand verbaut wurden. Ein Türdurchbruch zum neuen Flügel ermöglichte den direkten Zugang aus den Wohngemächern zur Kapelle.

Bis 1918 gab es in der Kapelle Gottesdienste und Andachten eher intimen Charakters zu Ehe- und Regierungsjubiläen, festliche Gottesdienste zu Trauungen und Regierungswechseln, außerdem geistliche Konzerte. Nach 1918 verblieb der großherzoglichen Familie neben anderen Nutzungsrechten im Residenzschloss auch ein Nutzungsrecht für die Kapelle.

Ab 1924 bis in den Zweiten Weltkrieg hinein wurden hier zwischen Pfingsten und Erntedank regelmäßig Sonntagsgottesdienste der evangelisch-lutherischen Kirchgemeinde Weimar gefeiert. 1948 wurden die persönlichen Geschenke der preußischen Königsfamilie von 1867 entfernt und in die Dorfkirche Großobringen gebracht. Auf Initiative des vielfach ausgezeichneten Stadtorganisten und Professors der Musikhochschule Johannes Ernst Köhler baute man die Kapelle 1950 zu einem Konzertsaal um. Dafür wurde die Architekturfassung übermalt, Inschriften, Engelskonzert sowie die stuckierten Supraporten der Türen deckte man mit Platten ab. Die Erweiterung der Orgel zu einem Konzertinstrument mit 34 Registern auf drei Manualen und Pedal geschah auch mit der Absicht, ein Übungsinstrument für die Musikhochschule zu gewinnen. Auch wenn Bach nie an diesem Ort tätig war, sollte die Umbenennung der Schlosskapelle in „Bachstätte“ an das Wirken des großen Musikers im Residenzschloss und in Weimar erinnern. In der erhöhten ehemaligen Altarnische fanden ein Cembalo sowie die Bach-Büste aus Coudrays Treppenhaus Platz.

Nach zwölf Jahren endete 1962 die weithin bekannte und beliebte Konzerttradition. Köhler hatte vergeblich versucht, die Umwandlung der Bachstätte in ein Büchermagazin der Institutsbibliothek der Nationalen Forschungs- und Gedenkstätten der klassischen deutschen Literatur in Weimar zu verhindern. 1963 erfolgte der Ausbau der Orgel. Einige ihrer Bestandteile wurden in anderen Instrumenten wiederverwendet. Schwerwiegend war der Einbau eines viergeschossigen Stahlmagazins, der mit erheblichen Eingriffen in die Bauwerksstrukturen einherging. Die Podeste der Altarnische und der Herrschafts-

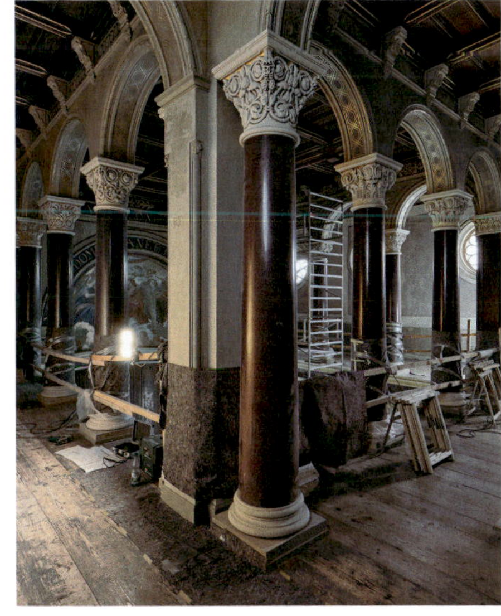

Abb. 5 | Restaurierungsarbeiten in der Schlosskapelle, 2022

loge wurden abgebrochen, eine große Zahl Stahlträger in den Wänden verankert. Ein Bücheraufzug über vier Etagen wurde an der Nordwand eingebaut. Um in der ehemaligen Altarnische geschwungene Treppenläufe bis zur dritten Ebene führen zu können, musste die Verkleidung der Wölbung der Altarnische entfernt werden. Der ganze so gewonnene Magazinraum, auch das Engelskonzert von Wislicenus, wurde monochrom überstrichen. Die vormalige Kapelle war nicht mehr erkennbar.

Erst 2005 endete die Nutzung als Magazin, als die Bücher in neue Magazine der Herzogin Anna Amalia Bibliothek umziehen konnten. Nach Interimsnutzungen, zum Beispiel als Möbeldepot, begannen 2010 erste restauratorische Untersuchungen im ehemaligen Kapellenraum. Gut erhaltene Architekturfassungen aus dem 19. Jahrhundert unter den Anstrichen machten es möglich, die Kapelle in der Fassung von 1868/69 wiederherzustellen (Abb. 5). Dazu wurden 2011 die Anstriche entfernt und Technologien zum Ausbau des Stahlmagazins erprobt. Dank einer großzügigen Spende konnte die Schlosskapelle schließlich von 2019 bis 2023 restauriert werden. Fehlende Elemente, für die es Befunde gab, wurden rekonstruiert (Abb. 6). Nur weniges, wie die Türen, die Podeste der Herrschaftsloge und der Altarnische sowie die Geländer mussten unter Orientierung am historischen Bestand neu geschaffen werden. So ist die Schlosskapelle wieder weitestgehend als singuläres neoromanisches Raumkunstwerk im Residenzschloss erlebbar (Abb. 7).

ME

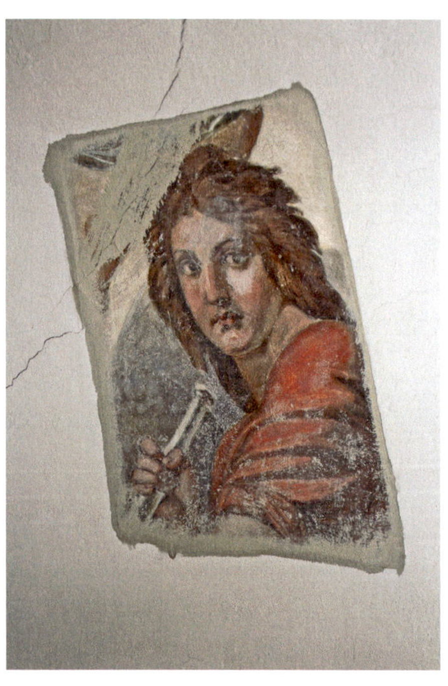

Abb. 6 | Detail der Altarnische nach Freilegung eines Engelskopfes

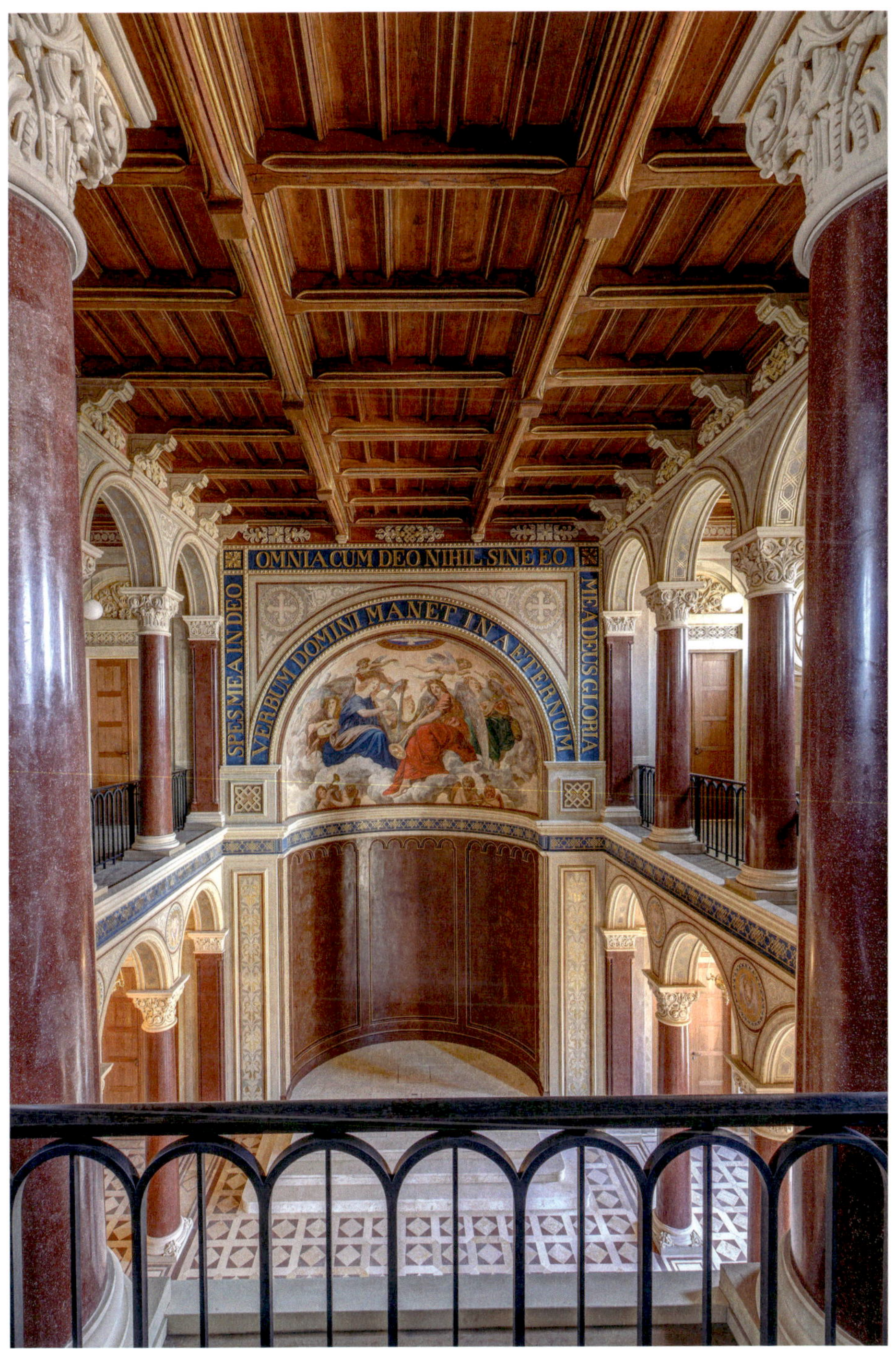

Abb. 7 | Schlosskapelle im restaurierten Zustand

Dass Dichterzimmer und Schlosskapelle noch erhalten sind, ist nicht selbstverständlich. Über das Residenzschloss ging im 20. Jahrhundert eine bewegte Geschichte hinweg, die sich besonders eindrucksvoll am Schicksal der Schlosskapelle widerspiegelt: Als Abschluss der Dichterzimmer ersetzte sie die alte, 1774 verbrannte Schlosskapelle. Die fürstlichen Familien nutzten sie für feierliche Anlässe und noch bis in die Zeit des Zweiten Weltkriegs fanden hier Gottesdienste statt. Nach Enteignung des Fürstenhauses und Gründung der DDR war der Kirchenraum ein Ort für Konzerte – vor allem für Musik von Johann Sebastian Bach. Der hatte hier zwar nie gespielt, sondern in der alten Kapelle des Ostflügels, aber der Name ‚Bachstätte' bürgerte sich schnell für den Raum ein.

1962 änderte sich die Nutzung erneut, wofür massiv in den Raum eingegriffen wurde. Man baute ein viergeschossiges Stahlgerüst mit einer Treppe und einem Bücheraufzug ein, verankerte es in den Wänden, überstrich die Wandflächen, und verwandelte die Kapelle in ein Büchermagazin für die Institutsbibliothek der Nationalen Forschungs- und Gedenkstätten der klassischen deutschen Literatur in Weimar. Erst nach dem Auszug der Bücher in das neue Tiefmagazin der Herzogin Anna Amalia Bibliothek und einer später folgenden umfangreichen Restaurierung kam der sakrale Raum wieder zum Vorschein. Das Gerüst war entfernt worden, die Oberflächen wurden wiederhergestellt, Fehlendes zum Teil rekonstruiert. Die Dichterzimmer waren vergleichsweise wenig verändert worden. Hier galt es bei der Restaurierung vor allem Schäden zu beseitigen und die Malereien wieder ihrem Originalzustand näherzubringen. Seit Abschluss dieser Arbeiten können so Dichterzimmer und Schlosskapelle wieder als Einheit erlebt werden.

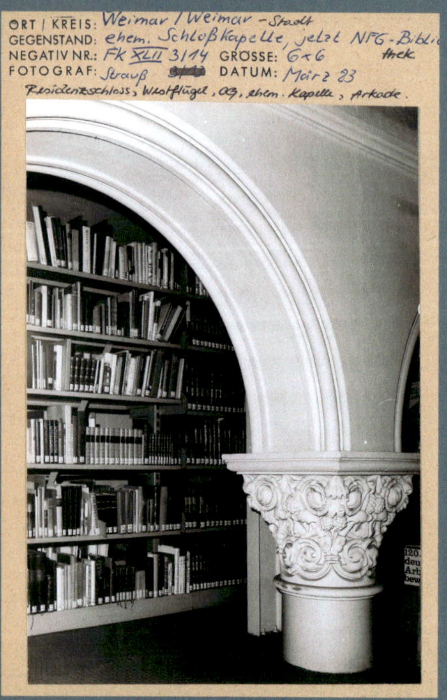

Stahlregal des Buchmagazins, 1983

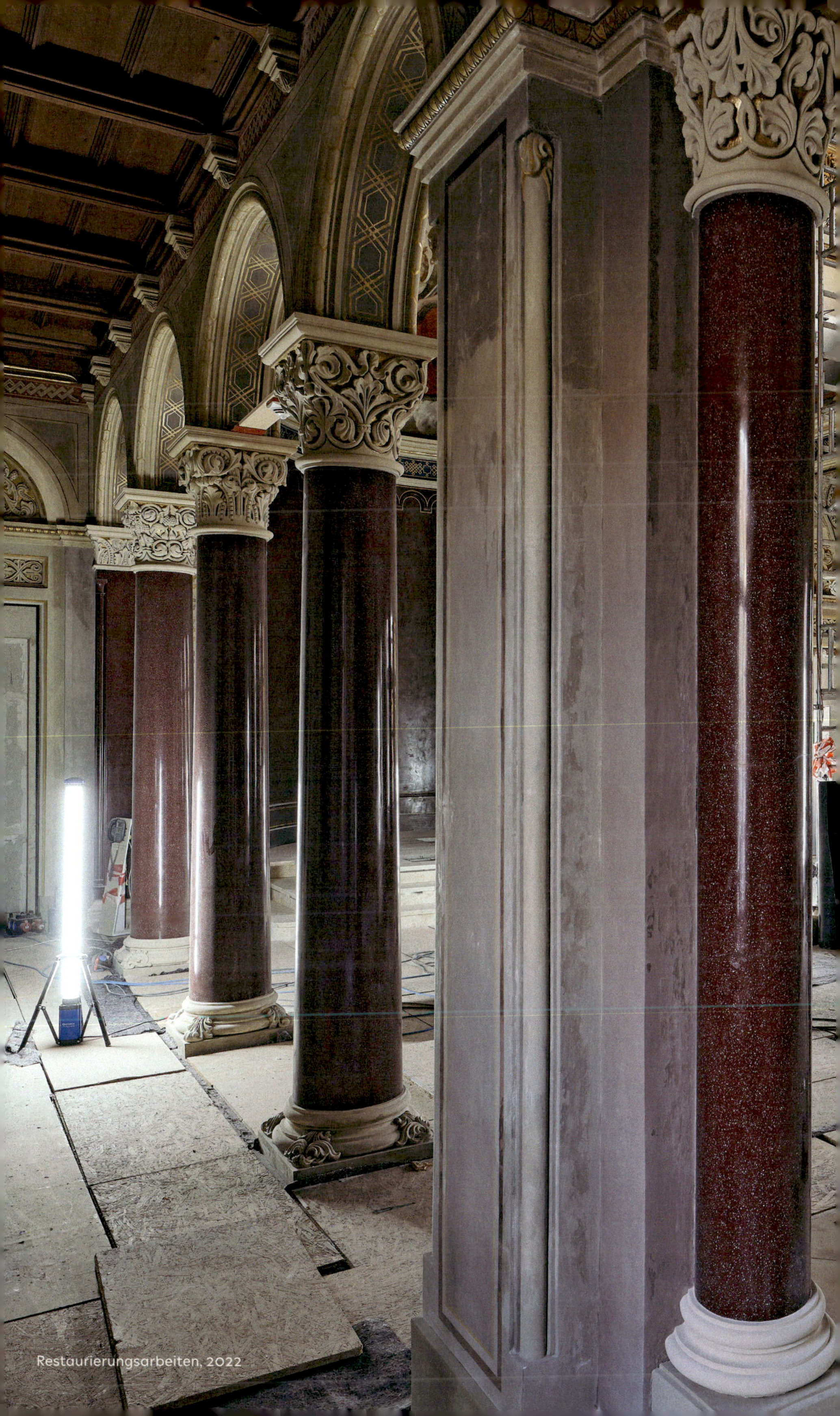

Restaurierungsarbeiten, 2022

DIE RESTAURIERUNG – MATERIALIEN UND TECHNIKEN

Neben den Nibelungensälen im Königsbau der Residenz München sind die Dichterzimmer im Weimarer Schloss das wohl eindrucksvollste bis heute erhaltene Raumensemble spät-nazarenischer Wandmalereien. Während in München nach 1945 hohe Kriegsverluste zu verzeichnen waren, blieben die Memorialräume in Weimar weitgehend original erhalten. Das Ensemble mit rund 600 Quadratmetern gestalteter Wand- und Deckenfläche wird durch das Achteckzimmer als Entree sowie zwei bislang noch nicht restaurierte Nebentreppen, die Schiller- und die Wielandtreppe komplettiert.

Inspiriert durch die Ausgrabungen antiker Malerei hatten die Künstler bei der Ausmalung der Räume das Ziel verfolgt, mit ihren brillanten Farben dauerhafte Bildwerke durch die Verwendung wiederentdeckter Malweisen zu schaffen. Dazu zählte die Technik der Enkaustik, bei der Farbpigmente mit heißem Wachs aufgetragen werden. Rezepturen dafür waren allerdings nicht überliefert, so dass man experimentierte und durch die Verwendung ähnlicher Materialien gleiche Oberflächeneffekte zu erreichen suchte. Ähnliches galt für die rasch folgenden Restaurierungsmaßnahmen, bei denen eine historische Oberflächenwirkung erzielt werden sollte.

Die Bildwerke sind auf circa acht Zentimeter dicke Putzplatten gemalt, die in Stahlrahmen gefasst und in die Wand eingelassen sowie mit Goldleisten verziert wurden. Sie sind mit Kalkfarben, in Anlehnung an die italienische Renaissance, in Fresko- und Fresko-Secco Techniken gemalt (Abb. 1). Freskomalerei heißt, in den feuchten Putz hinein zu malen, was die Malerei haltbarer macht; in der Seccomalerei wird auf trockenen Putz gemalt. Für rahmende Wandflächen verwendete man eine Wachs-Harz-Mischung oder auch Öl- und Wachstempera. Für die senkrechten Bildfriese ließen sich Kalkfarben in Fresko- und Secco-Techniken belegen. Decken, Türen und Fenster werden von Stuckelementen geziert, während die Türflächen großzügig mit Zierelementen aus Zinkguss dekoriert sind. Der differenzierte, teils auch sehr experimentelle Einsatz in Material und Ausführungsart charakterisiert das Erscheinungsbild der Dichterzimmer: Ein prägender Wechsel von matten Bildflächen und glänzenden Rahmen in ‚pompejanischer Art' erscheint als bewusste Annäherung an antike Vorbilder. Dazu gehören ebenso der Glanz polierten Stuckmarmors sowie das Imitat von Malachit, einem grünen Edelstein.

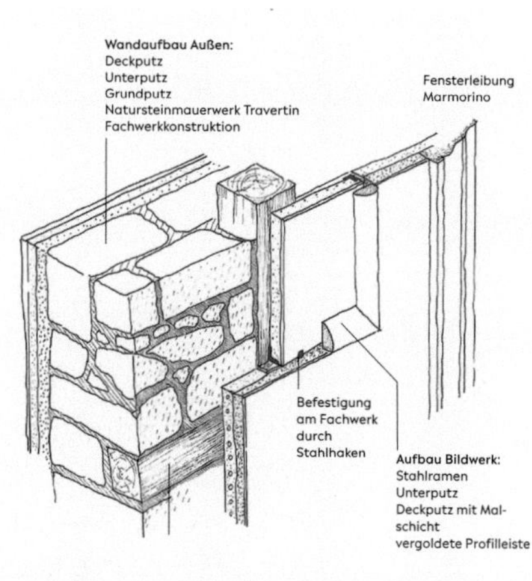

Abb. 1 | Schematische Darstellung des Wandaufbaus

Ganz anders sind die Gemälde der Schildbögen des Wielandzimmers ausgeführt: Es handelt sich hierbei um Leinwandgemälde in Eitempera, deren Rahmen in passgenauen Wandaussparungen befestigt sind (Abb. 2). Als Besonderheit erwies sich auch die 1836 modisch in Grau gebeizte Wandvertäfelung des Schillerzimmers. Sie zeigte eine ins Braune gehende Verdunklung, die auf die Verwendung einer Metallsalzbeize zurückzuführen war. Dieser Prozess ist unumkehrbar, so dass der Grauton nicht zurückgewonnen werden konnte. Hier mussten sich Restaurierungsmaßnahmen auf den Erhalt des originalen Überzugs als Schutzschicht und des Zierrats aus Metall richten. Bei den verwendeten Applikationen handelt es sich um sehr filigrane Zierstäbe, bei denen die Vergoldung auf einem Kreidegrund aufgebaut ist. Diese Technologie ist für Metall ungewöhnlich und nach derzeitigem Kenntnisstand einzigartig.

So ewig die Malerei der Dichterzimmer überdauern sollte: Bereits kurz nach Vollendung hatten sich erste Schäden durch Bewegungen im Bauwerk gezeigt. Betroffen war vor allem das

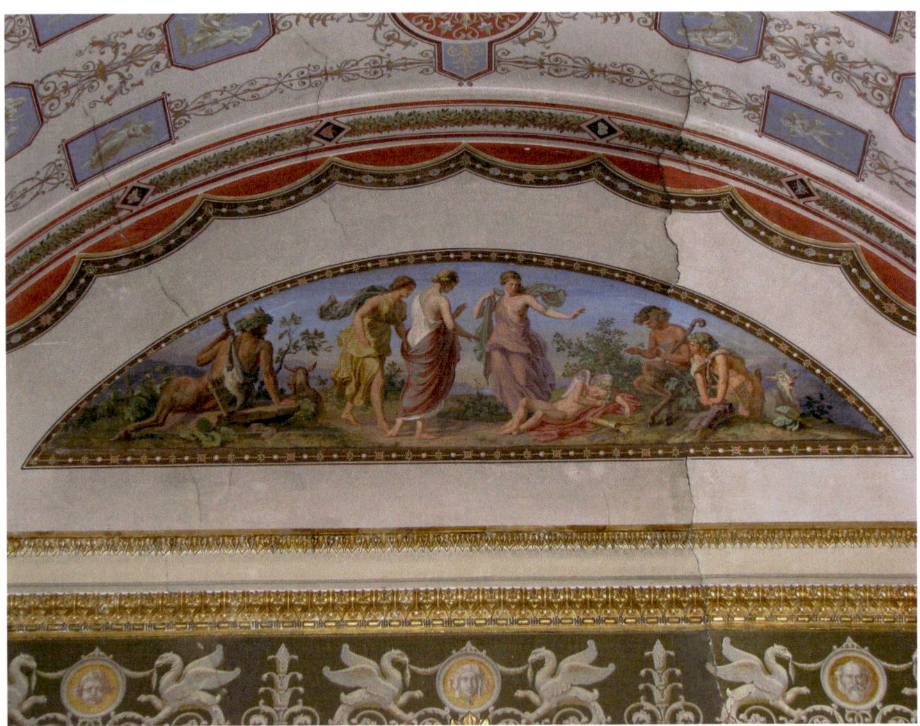

Abb. 2 | Bogenfeld im Wielandzimmer, Vorzustand mit Musterachse

Wielandzimmer. In einigen Bereichen kam es hier zu Verschiebungen innerhalb der Wandfläche beziehungsweise innerhalb der rahmenden Bauteile, die immer wieder retuschiert wurden. Erste ‚Auffrischungen', die optische Beeinträchtigungen durch ein instabiles Farbpigment beheben sollten, sind schon 1886 belegt. Im Achteckzimmer und in der Goethegalerie verweisen Inschriften auf einen Reparaturzyklus zwischen 1899 und 1901. Wiederholte Übermalungen veränderten die Bilder und brachten Materialien ein, die zum Schadensfortschritt beitrugen. Vordergründig sollte die Malerei optisch repräsentabel erhalten werden, die originale Malweise und die Luftigkeit des Stils wurden jedoch nicht beachtet, Flecken und Risse meist großflächig übermalt. Zuletzt waren rund zehn Prozent der gefassten Flächen übermalt. Besonders im *Faust I* hatte sich das ursprüngliche Bild auf diese Weise stark verändert.

Angesichts der fortgeschrittenen Schäden begannen in den 1980er Jahren erste systematische Untersuchungen. Schnell wurden methodische und restauratorisch-konservatorische Grenzen deutlich – zu experimentierfreudig waren die Maler der ersten

Hälfte des 19. Jahrhunderts gewesen, auch vor dem Hintergrund neuer technischer Möglichkeiten in einer industrialisierten Welt. Weder zum verwendeten Material noch zu den Wirkzusammenhängen und Alterungsprozessen lagen Erfahrungen für die Restaurierung vor. Es mussten eigene Lösungen für komplexe Anforderungen gefunden werden.

Zwischen 1999 und 2002 machten umfangreiche Instandsetzungen des Westflügels deutlich, dass auch die Wandkonstruktion und die Raumhülle durch Wassereintritt und Echten Hausschwamm erheblich geschädigt waren. Die wertvollen Bildwerke verboten eine Instandsetzung der Wände von innen. Holzschäden mussten also von außen beseitigt werden. Die komplexe Aufgabe erforderte ein interdisziplinäres Team, das zunächst alle Schäden erfasste, die Ursachen analysierte und die verwendeten Materialien bestimmte.

Der Zustand des Herderzimmers erforderte eine vorgezogene Restaurierung von 2003 bis 2008 (Abb. 3). In den Jahren 2010 bis 2012 wurden dann materialtechnische und technologische Verfahren für die Gesamtmaßnahme entwickelt und in Musterachsen erprobt. Wohin und mit welchem Ansatz eine Restaurierung der Dichterzimmer gehen sollte, legte eine denkmalpflegerische Zielstellung fest. Ziel war es, die Originalfassung der

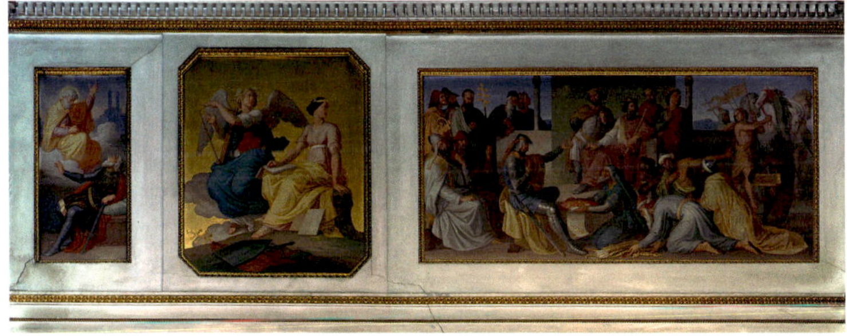

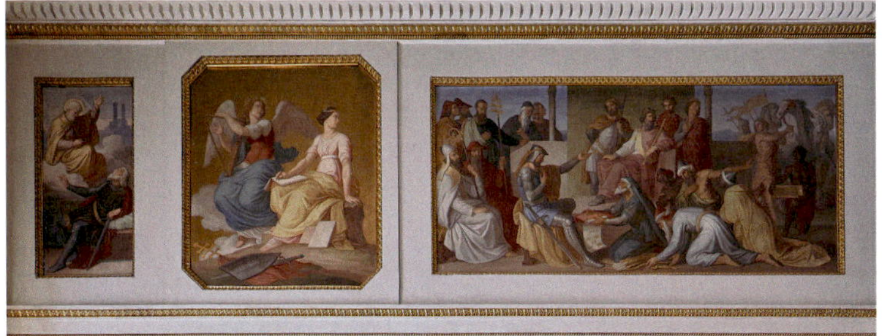

Abb. 3 | Bilderfries der Südwand des Herderzimmers vor und nach der Restaurierung

1840er Jahre zu sichern und zu restaurieren, um die ursprüngliche Bildaussage und Raumwirkung unter Berücksichtigung überkommener Zeitspuren wiederzugewinnen. Umgesetzt wurde die grundlegende Restaurierung stufenweise, zuerst von 2012 bis 2014 in der Goethegalerie und im Wielandzimmer, gefördert durch den World Monuments Fund und die Rudolf-August Oetker-Stiftung. Es folgten von 2017 bis 2020 das Achteckzimmer und das Schillerzimmer in Zusammenarbeit mit dem Deutschen Stiftungszentrum Essen und finanziert durch private Spendengelder.

Die Schäden in den Räumen, so das Ergebnis der umfassenden Untersuchungen, waren weitgehend auf Klimaeinflüsse und Feuchtigkeit zurückzuführen. Die Dichterzimmer sind nach oben abgeschlossen durch ein Kaltdach, das heißt ein belüftetes Dach ohne Wärmedämmung. Über dieses Dach drang Feuchtigkeit ein. Zudem sind die Bildwerke auf den Putzplatten nur wenig hinterlüftet. Das Raumklima selbst erwies sich bei Messungen als relativ konstant. Im Kontaktbereich zum Dachraum, der sich im Sommer stark aufheizt, insbesondere aber zum klimatisierten Ausstellungsbereich der angrenzenden Räume sorgten unterschiedliche Temperaturen und Luftfeuchtigkeit für Schäden an den Malgründen und Malschichten (Abb. 4). Das waren vor allem Salzausblühungen und Salzkrusten, Wasserränder und Verfärbungen (Abb. 5). Außerdem war das Farbpigment Zinkweiß als Grundierung auf gipshaltigem Putz benutzt worden. In Verbin-

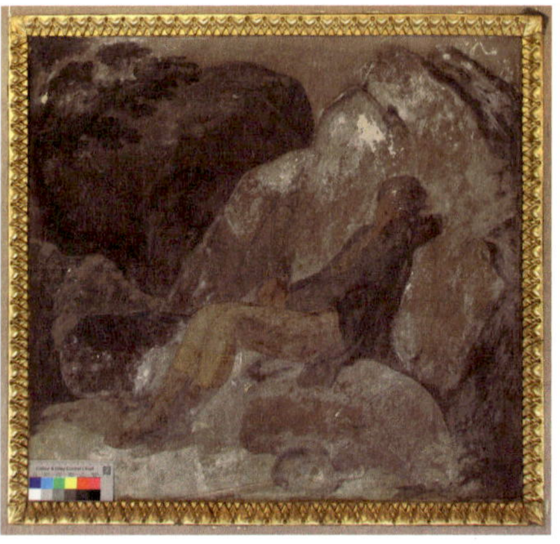

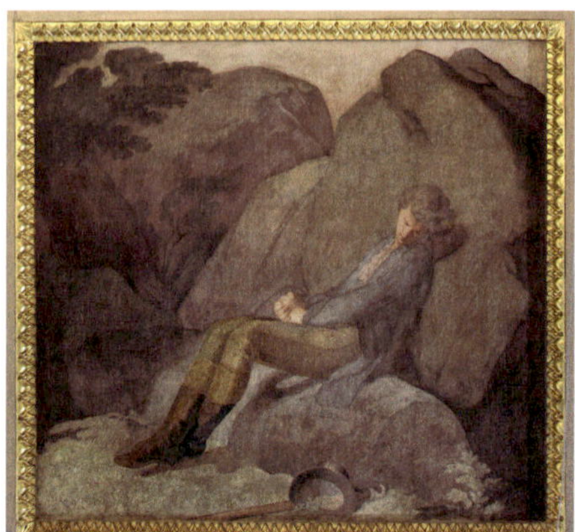

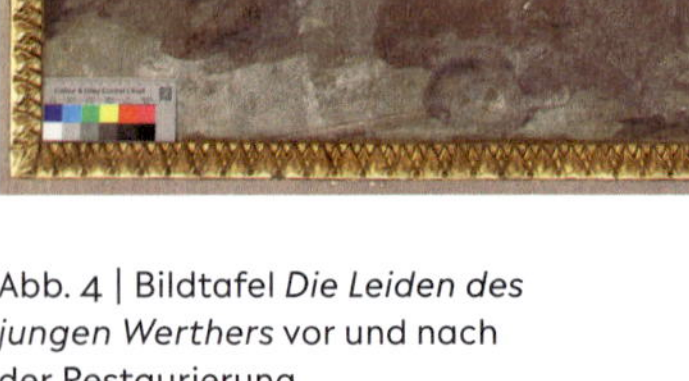

Abb. 4 | Bildtafel *Die Leiden des jungen Werthers* vor und nach der Restaurierung

dung mit Feuchtigkeit führte dies zu Salzausblühungen. Der dabei entstehende sogenannte Weißschleier ist schon 1943 im Bereich des *Faust* belegt. An den Bildwerken der Goethegalerie lagen bis zu fünfzehn Prozent Übermalungen vor. Flächige Übermalungen zeigte auch der Sockel des Wielandzimmers: Der originale Farbton war unter stark veränderten Farbschichten erhalten geblieben. 2013 freigelegt, veränderte sich die Farbe durch Lichteinfluss, so dass sie 2019 wieder schützend abgedeckt werden musste.

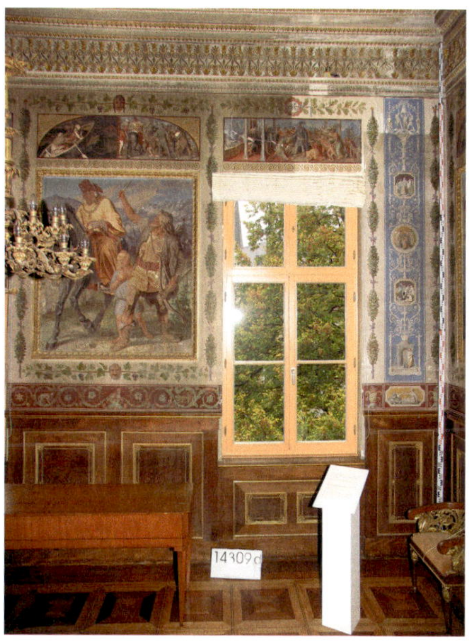

Abb. 5 | Westwand des Schillerzimmers vor der Restaurierung mit Reinigungsproben

Bis 2020 konnten alle Dichterzimmer in ihrem weitgehend original überkommenen Bestand nachhaltig gesichert und der Öffentlichkeit im Rahmen von Führungen wieder zugänglich gemacht werden. In der Zukunft des Residenzschlosses werden sie wieder ihre Rolle als wertvolles und einzigartiges Raumkunstwerk einnehmen.

KA

GESCHICHTE DER DICHTERZIMMER IM ÜBERBLICK

Die Gestaltung der vier Dichterzimmer und der zugehörigen Räume stellt einen längeren Prozess dar, wobei sich die einzelnen Etappen – Idee, Konzeption und Ausführung – über einen Zeitraum von 13 Jahren erstreckten. Dabei überlagerten sich die Arbeiten an und in den einzelnen Räumen. Mit dem Abschluss der Wandmalereien im Herderzimmer im Jahr 1848 wurde das Ensemble für Besucher geöffnet, obgleich in den Folgejahren weitere Maßnahmen erfolgten und laufend verschiedene Ausstattungsstücke hinzugefügt wurden.

1835 Die Planungen zur Einrichtung von Gedächtnisräumen für die Dichter der Weimarer Klassik beginnen. Den Anstoß gibt der Ankauf zweier römischer Reliefs mit *Iphigenie*-Darstellungen durch Erbgroßherzog Carl Alexander.

1836 Karl Friedrich Schinkel liefert Entwürfe zur Wandgestaltung und zu Hauptbildern der Goethegalerie.

Bernhard Neher nimmt Arbeiten für die Ausgestaltung des Schillerzimmers nach eigenem Konzept auf.

1837 Der Vertrag mit Bernhard Neher zur Ausgestaltung des Schillerzimmers wird im März ratifiziert. Die Heranziehung weiterer Künstler wie August Könitzer, Gustav Jäger, Clemens Kögel und Sixt Armin Thon ist zum Teil vereinbart.

Die Ausgestaltung des Wielandzimmers beginnt im November. Sie steht unter der künstlerischen Leitung von Friedrich Preller d. Ä. Seine Mitarbeiter sind Carl Hütter, Carl Alexander Simon und August Könitzer.

Der Maler Adolf Kaiser vollendet die vier für das Achteckzimmer bestimmten Ölgemälde mit Motiven der herzoglichen Schlösser in Belvedere, Dornburg, Tiefurt und Wilhelmsthal.

1839 Unter der Leitung Bernhard Nehers beginnt die Ausgestaltung der Goethegalerie in Anlehnung an Schinkels Entwürfe. Mitwirkende sind Carl Hütter, Clemens Kögl, Gustav Jäger und Angelica Facius.

1840 Das *Kunstblatt* meldet am 12. März die Fertigstellung der Malereien für das Schillerzimmer.

1841 Die Ausgestaltung des Wielandzimmers wird abgeschlossen.

1842 Der Direktor der Weimarer Kunstanstalten Ludwig von Schorn sowie die Maler Carl Alexander Simon und Clemens Kögl unterbreiten erste raumgestalterische Vorschläge für das Herderzimmer.

1844 Oberbaudirektor Clemens Wenzeslaus Coudray liefert im Januar Entwürfe für die klassizistische Wandgliederung des Herderzimmers, die letztendlich umgesetzt werden. Maria Pawlowna drängt auf eine Reduzierung der Bildgröße.

Der Literaturhistoriker Gustav Adolf Schöll, Nachfolger Schorns, verfasst ein Konzept zum Bildprogramm des Herderzimmers. In seinem Aufsatz *Herders Verdienst um Würdigung der Antike und der bildenden Kunst* veröffentlicht er die Grundgedanken dazu.

1845 Großherzog Carl Friedrich genehmigt die Pläne für den Ausbau der Schlosskapelle, die basierend auf einer Ideenskizze seines Sohnes Carl Alexander von dem Architekten Heinrich Heß erarbeitet wurden.

Auf Vorschlag Bernhard Nehers wird Gustav Jäger mit der Ausgestaltung des Herderzimmers beauftragt. Anfang September unterzeichnet er den Vertrag.

1847 Gustav Adolf Schöll stellt in seiner Publikation *Weimar's Merkwürdigkeiten* die Dichterzimmer als Sehenswürdigkeit vor.

Mit der Weihe der Schlosskapelle am Palmsonntag enden die Bauarbeiten am Westflügel.

1848 Die Arbeiten im Herderzimmer werden mit der Vollendung des *Barmherzigen Samariters* als letzter Darstellung des Bilderfrieses abgeschlossen.

1849 Maria Pawlowna erklärt im Januar die Dichterzimmer für vollendet.

Die Memorialräume sind anlässlich der Feiern zu Goethes 100. Geburtstag an drei Tagen kostenfrei zu besichtigen.

1850 Wilhelm Lübkes Publikation *B. Neher's Fresken im Schiller- und Goethe- Zimmer des großherzoglichen Residenz-Schlosses zu Weimar* mit Abbildungen und Erläuterungen zu den Bildern erscheint.

1864 Das *Neueste Reisehandbuch für Thüringen* verweist auf „geniale Frescomalereien“ und die Möglichkeit individueller Besichtigungen der Dichterzimmer im Rahmen von Führungen durch den Kastellan.

1866 Das fünfzigjährige Jubiläum der Verfassung des Großherzogtums wird in den Dichterzimmern gefeiert.

1886 Erste ‚Auffrischungen‘ im Wielandzimmer sind erforderlich

1892 Anlässlich der Goldenen Hochzeit von Großherzog Carl Alexander und Großherzogin Sophie führt ein Festumzug durch die Dichterzimmer in die Schlosskapelle.

1899–1901 Im Achteckzimmer und in der Goethegalerie erfolgen Reparaturen.

1902 Eine ausführliche Anordnung für Gästeführer durch die Dichterzimmer wird erlassen. Es erfolgt die Ausgabe nummerierter Eintrittskarten.

1980er Jahre Systematische Voruntersuchungen für eine grundlegende Restaurierung beginnen.

2003–2008 Im Herderzimmer werden erste Restaurierungsmaßnahmen ausgeführt.

2012–2020 Goethegalerie, Wielandzimmer, Achteckzimmer und Schillerzimmer werden grundlegend restauriert.

2020 Die Dichterzimmer sind im Rahmen von Führungen wieder zu besichtigen, 2023 folgt die Schlosskapelle.

LITERATUR

Bosse, Hannes: Clemens Wenzeslaus Coudray. Architekt und Stadtplaner des Klassizismus. Weimar 2007.

Bothe, Rolf: Clemens Wenzeslaus Coudray. 1775–1845. Ein deutscher Architekt des Klassizismus. Köln 2013.

Dohe, Sebastian: Von Homer bis Goethe, von Tischbein bis Schinkel – die Dichterzimmer in Weimar und Oldenburg. In: Oldenburger Jahrbuch 121 (2021), S. 159–179.

Dohe, Sebastian; Ulferts, Gert-Dieter (Hg.): Nach der Monarchie. Das Residenzschloss in Weimar 1918–2018. Funktion und Nutzung im Wandel. Weimar, Wiesbaden 2022.

Görgner, Manuela: Die Nazarenischen Wandmalereien. Erstellung eines Maßnahmekonzeptes zur Konservierung und Restaurierung mit exemplarischer Umsetzung an einem Wandbild. 2 Bde. Erfurt 2002/03 [Diplomarbeit, ungedruckt].

Hecht, Christian: Dichtergedächtnis und fürstliche Repräsentation. Der Westflügel des Weimarer Residenzschlosses. Architektur und Ausstattung. Ostfildern-Ruit 2000.

Hecht, Christian: Klassiker-Inszenierung im höfischen Kontext. Die Dichterzimmer im Weimarer Schloss. In: Seemann, Hellmut Th.; Valk, Thorsten (Hg.): Literatur ausstellen. Museale Inszenierungen der Weimarer Klassik. Jahrbuch der Klassik Stiftung Weimar 2012. Göttingen 2012, S. 13–30.

Oswald, Gabriele: Antikenskulpturen der Sammlungen Campana und Grimani in Weimar. In: „Ihre Kaiserliche Hoheit“ Maria Pawlowna. Zarentochter am Weimarer Hof. Hg. v. der Stiftung Weimarer Klassik und Kunstsammlungen. Ausstellungskatalog Weimar 2004. München, Berlin 2004. Bd. 2, S. 297–312.

Paulus, Helmut-Eberhard (Hg.): Residenzschloss Weimar. 15 Jahre – 15 Millionen Investitionen. Die Grundsanierung in 15 Jahren durch die Stiftung Thüringer Schlösser und Gärten. Petersberg 2009.

Reck, Hartmut: Dichterzimmer. In: „Ihre Kaiserliche Hoheit“ Maria Pawlowna. Zarentochter am Weimarer Hof. Hg. v. der Stiftung Weimarer Klassik und Kunstsammlungen. Ausstellungskatalog Weimar 2004. München, Berlin 2004. Bd. 1, S. 178–191.

Schöll, Gustav Adolf: Weimars Merkwürdigkeiten einst und jetzt. Ein Führer für Fremde und Einheimische. Weimar 1847.

Schorn, Ludwig von: Die Malereien im neuen Schloßflügel zu Weimar. In: Weimar’s Album zur vierten Säcularfeier der Buchdruckerkunst am 24. Juni 1840, S. 289–307.

BILDNACHWEIS

© Klassik Stiftung Weimar für alle Abbildungen außer den nachfolgend genannten. Diese werden mit freundlicher Genehmigung Dritter verwendet:

S. 28, Abb. 1: © Realy Easy Star/Alamy Stock Photo

S. 29, Abb. 2: Wiss. Bildzitat nach Christian Hecht: Dichtergedächtnis und fürstliche Repräsentation. Der Westflügel des Weimarer Residenzschlosses. Architektur und Ausstattung. Ostfildern-Ruit 2000, S. 38, Abb. 31

S. 31, Abb. 4: © Landesarchiv Thüringen – Hauptstaatsarchiv Weimar, Allgemeine Thüringer Landeszeitung Deutschland vom 4. September 1937

S. 38/39, Abb. 4: © Stadtverwaltung Weimar, Bauaufsichtsamt

S. 49, Abb. 6: © Kupferstich-Kabinett, Staatliche Kunstsammlungen Dresden/Foto: Andreas Diesend

S. 58/59, S. 68/69, S. 90: © fokus GmbH Leipzig

S. 100, Abb. 1, S. 101, Abb. 2: © Stadtverwaltung Weimar, Bauaufsichtsamt

S. 104, Abb. 4: © Landesarchiv Thüringen – Hauptstaatsarchiv Weimar, Hofmarschallamt; Nr. 2002e, Bl. 5r.

S. 107, Abb. 7: © Deutsche Stiftung Denkmalschutz/Foto: Roland Rossner

Dichterzimmer
Herausgegeben von der Klassik Stiftung Weimar

Konzept: Sebastian Dohe, Katharina Krügel
Redaktion: Sebastian Dohe, Angela Jahn, Katharina Krügel
Bildrecherche: Lisa Koloska
Lektorat: Angela Jahn
Fotothek und Digitalisierung: Hannes Bertram, Susanne Fenske, Susanne Marschall, Cornelia Vogt

Autorinnen und Autoren:
Kerstin Arnold (KA)
Sebastian Dohe (SD)
Michael Enterlein (ME)
Katharina Krügel (KK)
Christian Pönitz (CP)

Umschlaggestaltung, Layout und Satz: Andreas Koch, Bielefeld
Druck und Bindung: Grafisches Centrum Cuno, Calbe

Die Deutsche Nationalbibliothek verzeichnet diese Publikation in der Deutschen Nationalbibliografie; detaillierte bibliografische Daten sind im Internet über http://dnb.dnb.de abrufbar.

Library of Congress Cataloging-in-Publication Data
A CIP catalog record for this book has been applied for at the Library of Congress

© 2025 Deutscher Kunstverlag
Ein Verlag der Walter de Gruyter GmbH Berlin Boston
www.deutscherkunstverlag.de
www.degruyter.com

ISBN 978-3-422-80228-5

Fragen zur allgemeinen Produktsicherheit:
productsafety@degruyterbrill.com

Reihe „Im Fokus"
Herausgegeben von der Klassik Stiftung Weimar

Konzept: Gerrit Brüning
Umsetzung: Daniel Clemens

Die Klassik Stiftung Weimar wird gefördert von der Beauftragten der Bundesregierung für Kultur und Medien aufgrund eines Beschlusses des Deutschen Bundestages sowie dem Freistaat Thüringen und der Stadt Weimar.

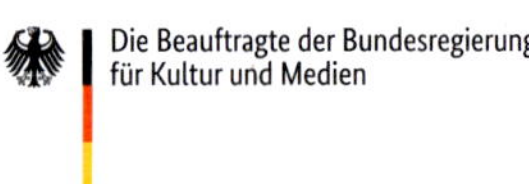

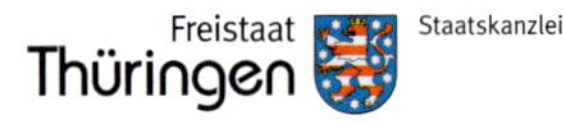

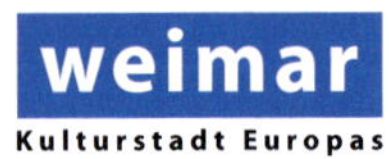